사랑하는 예수님께 이 책을 바칩니다.

복음놀이 리부트 50

초판 1쇄	인쇄 2024년 1월 2일
초판 1쇄	발행 2024년 1월 8일
지 은 이	박미화·전혜강
기획편집	방기춘
펴 낸 곳	향기나무교육개발원
발 행 인	박미화
마 케 팅	김윤정
디 자 인	이성희
사 진	태가현·우재형
교정윤문	강현아

주소	10876 파주시 청석로 350, 807-1305
문의	031-305-0116
홈페이지	https://sweet-tree.org

값	20,000원
ISBN	979-11-985768-0-4 03230
출판등록	2023년 11월 21일 제 2023-000134 호

• 이 책의 판권은 도서출판 향기나무에 있습니다.
• 이 책의 내용은 저작권법에 의하여 보호받는 저작물이므로 본사의 허락 없이는 어떠한 형태로도 이용하실 수 없습니다.
• 본서에 사용한 성경전서 개역개정판의 저작권은 재단법인 대한성서공회 소유이며 재단법인 대한성서공회의 허락을 받고 사용했습니다.
• 잘못된 책은 구입처에서 교환해드립니다.

All Generation

All Generation Reboot

복음놀이 리부트 50

박미화 · 전혜강 지음

0~100세까지 온 세대가 경험하는 복음의 파워!

《복음놀이 리부트 50》은 지식전달 위주의 복음 전달 방식에서 탈피해, 온 세대 복음놀이를 통한 새로운 교육 방식으로 교회와 가정의 신앙교육 현장을 재가동한다는 의미를 담고 있습니다.

★★★★★
리부트 1
복음을 놀이하는
가정예배

★★★★★
리부트 2
복음을 놀이하는
세대통합사역

★★★★★
리부트 3
복음을 놀이하는
교회교육

★★★★★
리부트 4
복음을 놀이하는
선교사역

향기나무

프롤로그

하나님, 저요! 제가 뭐라도 해볼게요!

2020년 5월, 믿음의 부모들은 무기력하게 쓰러져 있었습니다. 코로나19로 인해 굳게 닫힌 교회 문 앞에서, 상당수의 부모는 어떻게 해야 할지 몰라 방황했습니다. 교회와 가정 모두 돌파구를 찾지 못해 방황하던 1분 1초에, 급속도로 성장하는 자녀 세대는 사회적 결핍과 단절 속에서 혼돈과 두려움을 온몸으로 견뎌내야 했습니다. 지금 당장 누가 뭐라도 하지 않으면, 우리 자녀 세대를 모두 잃어버릴 것 같았습니다. 그래서 부족한 제가 겁도 없이 손을 들었습니다.

"하나님, 저요! 제가 뭐라도 해볼게요!"

그해 여름, 향기나무교육개발원이 시작되었습니다.

저는 하나님께 여쭈었습니다. "하나님, 기독가정의 부모들이 쓰러져 있습니다. 그 누구도 주도적으로 자녀들에게 복음을 전하지 못합니다. 어떻게 해야 합니까?" 하나님은 제게 시편 1편의 말씀으로 응답하셨습니다.

> "오직 여호와의 율법을 즐거워하여 그의 율법을 주야로 묵상하는도다. 그는 시냇가에 심은 나무가 철을 따라 열매를 맺으며 그 잎사귀가 마르지 아니함 같으니 그가 하는 모든 일이 다 형통하리로다."

이 땅의 모든 세대가 하나님이 공급하시는 생명수 가운데 서 있으면, 어떤 환경 속에서도 절대 시들지 않고 생명의 향기 가득한 교회와 가정으로 세워주시겠다는 약속의 대답이었습니다. 저는 특별히 팬데믹으로 인해 말씀이 말라 버린 기독가정에 말씀의 생명수가 흐르도록 해야겠다는 절박한 소망을 품게 되었습니다.

현대인들에게 세대 담론이 뜨겁습니다. 갈수록 세대와 세대 간에 차이가 두드러지게 나타나기 때문일 것입니다. 출생 연도별로 세대를 지칭하는 이름들이 다양해진 것을 보면, 세대 간의 격차가 얼마나 큰지 짐작할 수 있습니다. 그러나 저는 확신합니다. 세대 간의 격차가 아무리 극명해도, 이들을 하나로 묶을 수 있는 절대적인 가치는 복음입니다. 더욱이 온 세대를 향한 복음이 놀이를 통해 경험된다면, 복음은 조금의 틈새도 없이 전 세대를 그리스도의 한 몸이 되도록 할 것입니다.

향기나무 사람들은 이러한 비전을 품고 코로나로 인한 팬데믹 3년 동안 온 세대를 위한 복음놀이를 쉼 없이 개발하였습니다. 목마르고 배고픈 자녀를 배부르게 하고픈 부모의 마음으로 고립된 곳, 소외된 곳, 아픈 곳에 복음놀이를 열심히 전파하였습니다. 감사하게도, 현재 많은 교회와 가정이 성경 놀이터를 통해 하나님의 말씀을 마주하며 놀이하는 것이 일상이 되어가고 있습니다.

향기나무 사람들은 더 많은 교회와 가정이 복음놀이를 통해 리부트되길 기도하며 이 책을 만들었습니다. 특별히 이 책을 통해 다음 세 가지의 리부트가 일어나기를 기도합니다.

《복음놀이 리부트 50》은 가정예배를 리부트합니다. 이 책을 만난 부모들은 자녀들에게 복음을 일방적으로 주입하지 않고, 자녀와 함께 복음놀이를 즐겁고 역동적으로 놀이하면서 신앙을 전수하게 될 것입니다. 지금까지 지루하고 힘들었을 가정예배가 온 세대의 가족 구성원 모두에게 매력적이며 실제적인 복음으로 경험될 새로운 시간이 될 것입니다.

《복음놀이 리부트 50》은 세대통합 사역과 교회교육을 리부트합니다. 이 책을 통해 교회는 부모 세대와 자녀 세대를 분리하는 사역을 본질로 삼는 것을 멈추고, 온 세대가 한 몸이 되어 예배하고 복음을 경험하는 사역이 본질이 되도록 세워갈 것입니다. 온 세대가 복음을 놀이하면서, 부모로부터 자녀 세대로의 신앙의 전수가 활성화 될 것입니다. 또한 교회교육 현장은 학교교육 체제의 영향으로 인한 지식 전달 위주의 교육방식을 지양하고, 다음세대에게 모든 감각통로를 통하여 경험되어지는 강력한 복음을 전하게 될 것입니다.

《복음놀이 리부트 50》은 선교 사역을 리부트합니다. 이 책을 만난 디아스포라 한인교회와 선교지는 언어와 문화가 다른 민족에게 다양한 복음놀이를 통해 복음을 전파하게 될 것입니다. 세계 모든 열방이 복음놀이를 통해 복음을 훨씬 더 매력적이고 강력히 경험할 것입니다.

책이 나올 수 있도록 함께해 준 사랑하는 가족과 향기나무 사람들과 복음놀이에 참여해 준 향상교회 가족들, 아름다운 주제 찬양을 만들어준 UDC에 깊은 감사의 마음을 전합니다. 향기나무 사역이 멈추지 않고 이어질 수 있게 기도와 후원을 아끼지 않으신 향기나무 교육개발원의 이사님들과 후원자분들께도 감사한 마음을 전합니다. 끝으로 이 책이 나올 수 있도록 최종 승인해주시고, 늘 아낌없는 응원과 격려를 보내주시는 향기나무 최고의 대표님이신 예수님께 감사와 찬양을 올려드립니다.

향기나무 가득한 하나님 나라를 꿈꾸는
박미화 대표(향기나무교육개발원)

어떻게 하면 다음세대에게 복음이 흥미롭게 될까

수많은 다음 세대가 교회를 떠나는 현실이 안타깝습니다. 다음 세대는 교회학교 예배와 프로그램에 많은 흥미와 즐거움을 느끼지 못합니다. 아이들이 손에 쥔 스마트폰은 긴 시간 동안 아이들을 사로잡을 만큼 강하고 자극적인 콘텐츠를 계속 쏟아내는 반면, 교회 교육 현장은 10년 전이나 지금이나 달라진 것이 없어 보입니다. 30분 동안 예배를 드리며 앉아있던 아이들은 또다시 자리에 앉아 교사의 설명을 듣습니다. 공과책을 펴서 성경 구절을 외우고 빈칸에 정답을 채워 넣습니다. 언어적·인지적 방법으로 성경을 배우고 의미를 이해하고 삶에 적용하는 방식은 성경을 배우기에 완벽해 보입니다.

왜 다음 세대는 이 시간을 힘들어하며 귀를 닫아버릴까요?

하나님의 말씀을 배우기 위해서는 교사 중심으로 진행되는 지식 전달 위주의 수업이 필요합니다. 그러나 이러한 방법에만 치우친다면, 복음은 아이들의 삶에 실제적인 영향을 미치지 못하는 추상적인 지식에 머물고 맙니다. 아이들에게 필요한 것은 일방적인 주입식의 가르침이 아닌, 함께 문제를 찾아 해결하며 경험하는 시간입니다. 아이들이 직접 성경의 진리를 찾고, 그 진리를 다채롭게 경험해보는 시간이 없다면, 복음은 더 이상 이 시대를 살아가는 아이들에게 흥미롭지 못한 것이 되고 말 것입니다.

인간이 학습하지 않아도, 자연스럽게 할 수 있는 행위 중 하나가 바로, 놀이입니다. 이는 어린아이 시기에 가장 강하게 표출되지만, 성인이 되어서도 소멸하지 않습니다.

저는 개인 교육사업장인 파니스쿨과 여러 교육 현장에서, 모든 연령대의 사람들이 시대가 달라져도 변함없이 환호하고 찾는 것이 놀이임을 온몸으로 체험하였습니다. 특히 우리의 다음 세대들은 언제나 공동체와 함께하는 놀이에 환호했으며, 새로운 놀이에 빠르게 적응하였습니다. 놀이는 여러 다양한 세대를 하나가 되게 하였으며, 세대를 단절시키는 모든 편견과 문화와 언어의 장벽을 허물고 소통하게 하는 최고의 수단이었습니다.

저는 약 20년 동안 파니스쿨을 통해 부모와 자녀가 함께하는 놀이의 경험이 건강한 가정을 세우는 데에 큰 역할을 하는 것을 보며 보람을 느꼈습니다. 이러한 경험과 노하우가 하나님 나라를 위해 쓰이기를 기도하고 있었습니다. 그러던 중 하나님께서는 박미화 전도사님이 헌신하며 세우신 향기나무교육개발원의 동역자로 불러주셨습니다. 4년 동안 저희는 온 세대가 복음을 즐겁고 매력적으로 경험할 수 있는 놀이를 개발해왔고, 국내와 해외 교회에 보급했습니다. 단순히 언어적·인지적 방법으로만 복음을 선포하는 방식이 아닌, 놀이를 통한 복음 전파는 온 세대가 복음의 메시지를 몸으로 배우며 체화될 수 있도록 놀라운 변화를 끌어냈습니다.

본서에서 제시하고 있는 복음놀이는 교회와 가정의 신앙교육 현장에 놀라운 리부트를 일으킬 것입니다. 부디 각 교회를 포함한 여러 기관과 많은 가정이 본서를 잘 활용하여 향기로운 열매를 거둘 수 있기를 기도합니다.

끝으로 본서가 출간될 수 있도록 늘 응원해주고 도와준 나의 영원한 교회 오빠인 남편과 나의 보물이자 자랑인 딸에게 큰 고마움과 사랑을 전합니다. 무엇보다 어린아이들에게도 참된 친구가 되어주시는 주님께 무한한 감사와 찬양을 올려드립니다.

향기나무 가득한 하나님 나라를 꿈꾸는
전혜강 연구원(향기나무교육개발원)

contents

프롤로그   05
추천사   14
에필로그   215

PART 1. 복음놀이 리부트 세 가지 공식

첫 번째   **리부트 공식** Pure Love   22
순수하게 사랑하라!

두 번째   **리부트 공식** All Generation   24
온 세대가 함께하라!

세 번째   **리부트 공식** Gospel Play   26
복음을 놀이하라!

PART 2. 복음놀이 리부트 워밍업

첫 번째   **리부트 워밍업** 4 Color Gospel   32
복음을 준비하라!

두 번째   **리부트 워밍업** Unstructed Play Materials   34
비구조화 놀잇감을 준비하라!

세 번째   **리부트 워밍업** Skilled Coordinator   36
복음놀이 코디네이터를 세워라!

3 PART 복음놀이 리부트 스타트

스티커
- 01 | 하나님이 너를 창조하셨다 _ 창세기 2:7-8 44
- 02 | 너는 하나님의 형상이다 _ 창세기 1:26-27 47
- 03 | 하나님이 너에게 있다 _ 스바냐 3:17 50
- 04 | 너는 예수님의 증인이다 _ 사도행전 1:8 53

옷
- 05 | 예수님을 환영하다 _ 마태복음 21:6-9 58
- 06 | 복음을 입다 _ 로마서 13:12-14 61
- 07 | 십자가는 선물이다 _ 갈라디아서 2:20 64
- 08 | 복음을 전하다 _ 로마서 1:15-16 67

펜
- 09 | 우리는 모두 죄인이다 _ 창세기 3:1-6 72
- 10 | 하나님의 은혜로 의롭게 되다 _ 로마서 3:23-24 75
- 11 | 십자가는 사랑이다 _ 요한복음 3:16-17 78
- 12 | 경건한 가정을 구원하다 _ 창세기 6:5-8 81

3 PART 복음놀이 리부트 스타트

종이
- 13 | 모든 사람에게 죄가 있다 _ 로마서 3:23-25 ... 86
- 14 | 모든 죄에서 깨끗함을 받다 _ 요한일서 1:7-9 ... 89
- 15 | 예수님의 피로 하나님의 자녀가 되다 _ 에베소서 2:12-14 ... 92
- 16 | 예수님이 다시 살아나셨다 _ 마태복음 28:1-6 ... 95
- 17 | 부활은 기쁜 소식이다 _ 로마서 6:8-11 ... 98
- 18 | 하나님 자녀의 권세를 얻다 _ 요한복음 1:9-12 ... 101

풍선
- 19 | 성령님으로 나를 채우다 _ 사도행전 1:4-8 ... 106
- 20 | 성령님은 선물이다 _ 사도행전 2:38-42 ... 109
- 21 | 성령님과 죄는 반대다 _ 갈라디아서 5:16-18 ... 112
- 22 | 성령님의 검으로 싸우다 _ 에베소서 6:11-17 ... 115

파라슈트
- 23 | 나는 죄인이다 _ 로마서 1:28-32 ... 120
- 24 | 부활 생명이 있다 _ 로마서 6:6-9 ... 123
- 25 | 너는 하나님의 보물이다 _ 이사야 43:1-4 ... 126
- 26 | 하나님은 사랑이다 _ 요한일서 4:7-10 ... 129

종이벽돌
- 27 | 하나님 말씀이 기준이다 _ 창세기 7:1-5 ... 134
- 28 | 하나님 말씀을 전수하다 _ 창세기 7:5-9 ... 137
- 29 | 하나님 말씀은 내 발의 등이다 _ 시편 119:105-109 ... 140
- 30 | 하나님 말씀을 지키다 _ 디모데후서 3:15-17 ... 143
- 31 | 하나님께 영광 돌리다 _ 고린도전서 10:31-33 ... 146

열매
- 32 | 감사로 받다 _ 시편 100:3-5 — 152
- 33 | 감사로 염려를 물리치다 _ 빌립보서 4:6-7 — 155
- 34 | 하나님을 송축하다 _ 시편 34:1-4 — 158
- 35 | 예수님 안에서 열매 맺다 _ 요한복음 15:4-5 — 161

털실
- 36 | 가정이 탄생하다 _ 창세기 2:20-25 — 166
- 37 | 우리는 그리스도의 몸이다 _ 고린도전서 12:24-27 — 169
- 38 | 감사의 열매를 맺다 _ 데살로니가전서 5:16-18 — 172
- 39 | 마음을 개혁하다 _ 로마서 1:16-17 — 175

종이컵
- 40 | 기쁜 소식을 전하다 _ 누가복음 2:10-14 — 180
- 41 | 천국복음을 전파하다 _ 마태복음 4:23-24 — 183
- 42 | 그리스도를 전파하다 _ 사도행전 8:4-8 — 186
- 43 | 복음을 심다 _ 마태복음 13:19-23 — 189
- 44 | 복음은 사랑이다 _ 요나 4:10-11 — 192
- 45 | 아름다운 소식을 전하다 _ 이사야 61:1-3 — 195

스카프
- 46 | 예수님을 영접하다 _ 요한복음 1:9-12 — 200
- 47 | 예수 그리스도를 입다 _ 로마서 13:11-14 — 203
- 48 | 하나님의 전신갑주를 입다 _ 에베소서 6:13-17 — 206
- 49 | 복음을 끝까지 전파하다 _ 사도행전 20:24 — 209
- 50 | 감사하며 송축하다 _ 시편 138:1-3 — 212

추천사

박미화 박사는 신학과 교육학을 전공한 창의적인 학자로서, 그의 학구究學의 여정은 복음, 신앙교육, 가정, 교회, 하나님의 나라를 위한 구학究學의 여정이었고, 범람하는 세속의 물결 속에서 효과적인 복음 전파와 기독교 신앙교육을 위해 '복음놀이'라는 독특한 교육방안을 연구하고 개발한 학자입니다. 복음놀이는 가정과 교회, 그리고 기독교학교에서 활용할 수 있는 매우 효과적인 신앙교육 방식이라고 확신합니다. 아동이나 청소년들에게 기독교 복음의 진수를 가르쳐 하나님의 나라를 세워가려는 그의 열정은 정말 대단합니다. 이 지치지 않는 열정이 기초가 되어 복음놀이를 개발했다고 생각합니다. 이런 점에서 박미화 박사의 복음놀이는 오늘의 한국교회를 위한 값진 선물이라고 확신합니다.

이상규 교수_전 고신대학교 교수. 백석대학교 석좌교수

복음과 놀이, 어찌 보면 상관없어 보이는 이 두 단어가 기독교 신앙교육을 가장 잘 설명하는 환상의 조합이 될 수 있습니다. 복음은 우리가 전해야 하는 신앙의 본질이며 놀이는 그 본질을 담아 전달하는 방식입니다. 그러므로 복음놀이는 발달심리를 고려한 흥미를 활용하여 복음의 의미를 전달하는 정말 좋은 방법입니다. 향기나무 사람들이 만든 복음놀이는 진리를 담은 복음성, 재미를 담은 흥미성, 사역현장을 반영하는 현장성을 모두 포함하고 있습니다. 저자들이 현장에서 고민하고 실천하면서 만든 복음놀이를 통해 우리의 자녀세대가 복음의 진리로 충만하게 되기를 기대하며 이 책을 적극 추천합니다.

함영주 교수_총신대학교 기독교교육학 교수

코로나19로 드러난 한국 교회의 속살과 상처를 치료할 좋은 책이 나왔습니다. 놀이를 통해 가정, 교회학교, 선교 현장에서 복음을 가르치고 전수하는 방법을 고민한 다음 세대 교육 전문가의 손에서 나온 책입니다. 향기나무교육개발원 박미화 대표는 모든 세대가 함께 하는 복음놀이를 개발했고 교회에서 실천했습니다. 실제로 경험한 복음놀이와 관련한 수많은 사진들이 이 책의 가치를 더합니다. 가정, 교회, 기독교학교, 선교 현장에서 유용하게 사용할 수 있으리라 믿으며 강력 추천합니다.

임경근 목사_다우리교회 담임목사. 《365가정예배》 외 다수 저자

학위논문을 준비하며 미국 교회를 방문할 때 '놀이'가 부러웠습니다. 교회에서 노는 아이들. 그들은 교회와 '대화'하고 있었습니다. 사랑을 '느끼고' 있었습니다. 자연스레 믿음을 '배우고' 있었습니다. 놀이는 아이들의 언어이기 때문입니다. 교회는 아이들과 놀아야 합니다. 가정에서도 놀이가 먼저입니다. 지식적 성경 교육보다 놀이가 먼저입니다. 복음을 가지고 놀다보면 아이들은 복음을 배우게 됩니다. 그래서 이 책의 출간이 반갑습니다. 이 책이 제시하는 실제적인 놀이 방법은 오랜기간의 연구와 실습으로 다듬어진 향기나무의 열매입니다. 이 책을 읽는 여러분은 그 열매를 마음껏 음미할 수 있습니다. 이 책을 통해 한국의 많은 교회와 가정이 함께 놀면 좋겠습니다.

김기억 목사_수영로교회 가정사역총괄, 《교회와 함께 가정예배》 저자

저자 박미화는 일찍부터 주일학교 사역자로 헌신하면서 학문과 이론 뿐 아니라 현장경험을 평생 쌓아온 사람입니다. 그리고 교육의 직접적인 대상인 학생들 뿐 아니라 신앙교육의 주체라고 할 수 있는 학부모들을 교육하고 회복시키는 사역에도 누구보다 앞서가고 있는 사람입니다. 이번에 그동안 연구하고 실험하며 쌓아온 교육활동의 결과들을 한 권의 책으로 엮어 출간하게 되었습니다. 이 책은 부모와 자녀가 함께 놀이를 통해 몸과 마음으로 복음을 자연스럽게 알아가도록 이끄는 책입니다. 이 책을 통해서 다음 세대 신앙교육의 놀라운 리부트가 일어날 것이라 기대가 됩니다.

정주채 목사_향상교회 은퇴목사, 산돌 손양원 기념사업회 이사장

이 책에는 책상머리에서는 절대 나올 수 없는 생생한 현장의 목소리가 담겨 있습니다. 이 책에 소개된 수많은 복음놀이들은 저희 교회 각 가정과 부서에서 실제로 행해졌던 현장교육에 대한 꾸밈없는 증언들입니다. 자녀들, 부모들, 교사들이 함께 복음을 놀이하며 너무 행복해하는 모습을 지난 몇 년간 실제로 지켜본 제가 바로 증인입니다. 그래서 이 책은 '진짜'입니다. 현장도, 내용도, 저자도 모두 '진짜'이고 꾸밈이 없습니다. 이 책을 통해 하나님의 말씀으로 자녀들을 살려내고자 하는 우리 모두의 기도와 노력이 열매 맺게 되기를 기도합니다.

김석홍 목사_향상교회 담임목사

추천사

박미화 대표는 한국 교회의 다음 세대 신앙 교육에 전심으로 헌신된, 그리고 참 잘 준비된 분입니다. 이 책을 보면 경험하시겠지만, 이 책은 복음을 온세대의 눈높이에 맞게 잘 설명하였습니다. 이 책은 무엇보다 가정예배를 통해 가족 모두의 영적 성장과 인격 형성에 큰 도움이 될 것이라 기대가 됩니다. 자녀의 신앙 교육에 진지한 관심을 가진 모든 교회의 주일학교와 모든 믿음의 가정에 적극 추천합니다.

김진영 목사 _ 서울중앙교회 담임목사

세대를 이어가는 그 믿음의 현장에 이 책이 있음에 감사합니다. 놀이는 우리의 자녀와 가정에 주신 소통의 귀한 방식이며, 믿음의 가정이 복음놀이를 통해 풀어내도록 돕는 귀한 길라잡이가 될 것이라 기대합니다. 지금 세대에게 꼭 필요한 책을 출간한 모든 걸음에 감사를 전하며, 이 책을 통해 세대와 세대가 이어지고, 가정과 교회가 이어지는 놀라운 일들이 있기를 축복합니다.

권미량 교수 _ 고신대학교 유아교육학 교수

예수님은 흔히 볼 수 있는 자연을 교보재로 삼아 복음을 알아듣기 쉽게 설명하셨습니다. 그래서인지 예수님께서 하나님 나라를 전파하실 때 그곳에는 어른들만이 아니라 아이들도 함께 모여들었습니다. 오늘 예수님의 복음을 만민에게 전하는 우리도 온 세대를 아우르고 대상의 눈높이에 맞춘 효과적인 복음 전달 방식을 늘 고민합니다. 마침 예수님의 놀이 스타일을 꼭 닮은 책이 나왔습니다. 《복음놀이 리부트 50》은 놀이를 통해 오감으로 체득되는 복음의 맛을 경험하도록 돕습니다. 언어와 문화가 다른 선교지에서도 활용할 수 있는 흥미로운 총천연색 복음놀이로 가득합니다. 이 책에 소개된 복음놀이의 공식을 기초로 타문화권 사역자들이 현장에 맞게 더 많은 복음놀이를 개발하고 적용할 수 있을 것이라 기대합니다.

임오랑 선교사 _ 성경번역선교회(GBT) 및
고신총회세계선교회(KPM) 소속 성경번역 자문위원

최근 기업과 학교에서 많이 활용되는 커뮤니케이션 기법 가운데 게이미피케이션 Gamification이란 것이 있습니다. 놀이는 사용자의 적극적인 참여 및 행동을 유도하는데 최고의 도구입니다. 이런 면에서 《복음놀이 리부트 50》은 온세대가 놀이를 통해서 적극적으로 소통하면서 복음을 경험할 수 있는 복음놀이를 제공합니다. 다양한 놀이를 통해 복음의 핵심내용(창조, 타락, 구속, 완성)을 잘 가르치고 배울 수 있도록 되어있습니다. 50가지의 놀이를 교회 또는 가정에서 진행하다보면 어느덧 예수님을 닮은 부모, 교사, 자녀를 만나볼 수 있을 것입니다. 복음으로 다음 세대를 바르게 키우기를 원하는 모든 교회와 가정에 이 책을 강력히 주천합니다.

이기룡 목사 _ 예장고신 총회교육원장

사람은 본능적으로 놀이하는 존재 Homo ludens입니다. 놀이는 사람들 사이의 장벽을 허물고 함께 기뻐하게 만듭니다. 또한 놀이는 공동체가 하나임을 확인하며 서로 사랑하는데 도움을 줍니다. 코로나19로 말미암아 이웃과의 관계가 회복되는 요즘입니다. 이런 때에 온 세대를 위한 이 책이 우리 손에 들어온 것은 너무나도 감사한 일입니다. 가족관계를 포함한 모든 이웃과의 사귐에서 놀이만큼 효과적인 도구는 없기 때문입니다. 더욱이 놀이를 통해 복음을 더 깊이 알아가고 이웃을 더 사랑하게 된다면 더 바랄 것이 없을 것입니다. 이 책을 따라 놀다 보면, 기쁨과 사랑이 넘치는 가정과 교회로 리부트되는 것을 경험하게 될 것입니다.

현유광 교수 _ 고려신학대학원 원장 역임

우리는 지식전달 중심의 교육에서 진일보하여 전인적이고 창의적인 교육, 참여자에게 감탄과 경이를 줄 수 있는 교육을 추구해야합니다. 사람은 행동하면서 배웁니다. 실천 속에 의미가 내포되어 있고, 다양한 활동은 학습자의 이해의 지평을 넓힙니다. 이 책은 온세대가 놀이를 통해 복음을 경험하는 것을 돕기 위해 작성되었습니다. 얼핏 보면 쉽고 단순해 보이지만, 오랫동안 교회교육 현장에서 잔뼈가 굵은 저자의 경험과 깊이 있는 교육철학이 담겨있습니다. 이 책에 수록된 복음놀이를 교회와 가정의 온세대가 함께 누리길 추천합니다.

문화랑 교수 _ 고려신학대학원 예배학 교수

아이들에게 어떻게 성경의 진리를 가르칠 것인지를 평생 고민하며 연구해 오신 저자 박미화 대표와 전혜강 연구원께서 쓰신 《복음놀이 리부트 50》은 코로나19 시간 동안 여러 교회를 다니며 복음놀이를 실행함으로써 임상을 통해 증명된 교육활동을 담고 있습니다. 이 책을 통해 한국교회의 교회학교마다 '만질 수 있는 복음' tangible gospel을 다음 세대에 잘 가르쳐서 다시 한 번 교회학교의 부흥이 일어나기를 소망합니다. 눈으로 듣고, 귀로 듣고, 손으로 만지고, 온몸을 만나는 예수 그리스도의 복음이 다음 세대의 마음에 더욱 깊이 새겨지고 간직되리라 확신하며 이 책을 추천드립니다.

김창훈 목사 _ 울산시민교회 담임목사

우리는 이제 다음 세대 교육을 '선교적 차원'에서 바라보아야 합니다. 안타깝게도 많은 경우, 교회와 가정은 다음 세대에게 여전히 어른들의 언어로 복음을 전수하고 있습니다. 우리의 다음 세대들이 '다른 세대'가 아니라 '하나님의 거룩한 다음 세대'가 되려면 교사인 우리의 생각과 관점이 먼저 바뀌어야 하고, 우리 손에 익은 도구를 내려놓고, 아이들의 손에 익은 도구를 다시 집어 들어야 합니다. 이러한 교회교육의 현실 속에서, 다윗과 같이 마음의 완전함과 손의 능숙함을 가진 박미화 대표와 전혜강 연구원께서 발간한 《복음놀이 리부트 50》은 좋은 대안과 도구가 될 것임을 확신하며 이 책을 추천합니다.

오재경 목사 _ 포항충진교회 담임목사

미디어와 더불어 살아가는 다음 세대에게 복음을 온몸으로 체득하도록 해야 합니다. 그 다음, 아이들과 질문을 통해 배운 점과 결단을 나누도록 해야 합니다. 반드시 말씀선포와 놀이 활동이 함께 할 때 비로소 영향력 있는 말씀이 됩니다. 다음 세대의 부흥은 최고의 가치인 생명의 복음을 제대로 배울 때 시작될 것입니다. 간절히 기다리던 책인 《복음놀이 리부트 50》이 드디어 발간되었습니다. 이 책은 복음과 반대로 흘러가는 다음 세대를 신실한 그루터기로 세우는 일에 귀한 도구가 될 것이라 자부합니다. 척박한 이민자의 땅에서 신앙 생활하는 이민교회와 그들의 가정이 이 책을 통하여 성령의 역사를 경험하길 기대하며 축복합니다.

이기준 목사 _ 캐나다 배틀포드 한인교회 담임목사

저는 초등학생과 유치원생 딸 셋을 키우는 엄마입니다. 저희 가정은 가정예배를 드리면서 누구에게 초점을 맞춰서 예배드려야 할지 고민이 많이 되었습니다. 지금의 형식과 전달방식 또한 맞는지를 늘 고민하던 저희 가정에, 이 책은 가뭄을 해갈하는 단비와 같이 다가왔습니다. 부모는 아이들의 언어인 놀이로 복음을 풀어내고, 자녀들은 손과 발, 눈과 귀 등 오감을 사용하여 복음을 체득하는 이 놀라운 매커니즘은 이 땅의 교회와 가정을 향한 하나님의 특별한 선물입니다. 대한민국의 모든 크리스천 가정과 교회가 이 책을 통해 다음 세대와 복음을 공유하는 꿀팁을 얻어가길 원합니다.

김윤정 집사_세 아이(다율, 여은, 서은)의 엄마. 서울중앙교회

8세, 6세, 3세인 세 아이들을 데리고 가정예배를 드리는 일은 깊은 내공과 인내심이 필요합니다. 말씀을 읽고 전하는 시간에 아이들은 3초도 가만히 있지 못하고 산만해집니다. 그런데 신기한 일이 일어났습니다. 《복음놀이 리부트 50》으로 가정예배를 드리자 아이들의 눈빛에 생기가 가득해졌습니다. 단순히 놀이하면서 복음을 경험하였는데, 아이들은 복음을 향해 마음과 귀를 활짝 열어주었습니다. 복음놀이는 갓난아이부터 어른까지 온 세대를 참여할 수 있게 만듭니다. 또한 복음놀이를 통해 온 세대가 하나됨을 경험하게 됩니다. 복음의 생명력을 기초로 한 다양한 복음놀이를 통해 수많은 기독 가정이 회복되길 기도합니다.

김설현 사모_세 아이(승훈, 승찬, 승아)의 엄마. 향상교회

저는 3년 동안 향기나무교육개발원이 개발한 복음놀이를 교회교육 현장에서 진행하였습니다. 향상교회 유치부는 교회교육 현장을 놀이터로 만들기로 결의하여, 한 달에 두 번 모든 교사들은 아이들과 함께 땀 흘리며 복음을 놀이했습니다. 복음놀이 현장은 늘 교사와 아이들의 웃음소리와 감탄소리로 가득했습니다. 우리는 복음놀이를 통해서 창조, 죄, 속량, 생명, 자녀에 대한 복음의 핵심진리를 온 몸으로 경험하였고, 죄를 회개하여 삶이 변화되어지는 열매도 맛보았습니다. 그동안 현장에서 경험하였던 복음놀이가 이 책에 고스란히 담겨져 있습니다. 이 책을 통해 가정과 교회가 복음의 강력한 능력을 경험하게 되리라 확신합니다.

박연화 집사_향상교회 유치부 교사. 복음놀이 코디네이터

PART 1

신앙교육을 활성화시키는
**복음놀이 리부트
세 가지 공식**

첫 번째 리부트 공식

Pure Love 순수하게 사랑하라!

120세의 노련한 리더 모세는 이스라엘 역사에서 가장 결정적인 순간, 이스라엘 민족 전체를 향해 다음 세대의 양육을 책임져야 함을 절절히 외쳤습니다. 모세는 신명기 6장에서 자녀 세대들을 타락한 세상으로부터 빼앗기지 않기 위한 핵심 전략을 명령하였습니다.

"너는 마음을 다하고 뜻을 다하고 힘을 다하여 네 하나님 여호와를 사랑하라!"

그는 지금까지와 다른 차원을 강조하였습니다. 그것은 바로 '마음'입니다. 그는 부모 세대가 내적 차원인 '마음'을 두고 싸워야 함을 명령하였습니다. 모세는 부모 세대가 단순히 하나님의 율법을 준수하는 백성이 아닌, 하나님과 뜨겁게 사랑하는 관계를 맺어야 한다고 강조하였습니다. 뜨거운 사랑으로 맺어진 관계보다 더 큰 영향력은 없습니다. 하나님과 사랑으로 관계 맺는 부모는, 자녀와도 적극적으로 소통하며 관계 맺습니다.

부모가 자녀와 뜨거운 사랑의 관계 안에서 전하는 복음은 세상 그 무엇보다 강력하고 매력적입니다. 자녀의 지치고 어두운 영혼을 사랑으로 부둥켜안고 전하는 복음은, 자녀의 영혼을 일으켜 세우는 복음입니다.

수많은 자녀 세대의 마음이 상하여 굳게 닫혀 있습니다. 많은 아이가 "힘들어!"란 말을 입에 달고 삽니다. 아이들의 먹거리에는 온통 환경호르몬과 중금속으로 가득하며, 아이들이 숨 쉬는 터전은 신종 바이러스와 초미세먼지로 인해 마스크를 벗기조차 두렵습니다. 이제 아이들은 세상 밖으로 나오지 않습니다. 아이들은 문을 닫고 온라인 소셜 미디어와 가상의 공간에서 평온함과 안정감을 느낍니다. 아이들은 고립과 단절이라는 보호막 안에서 안정감을 느낍니다. 지금도 수많은 자녀 세대가 마음의 문을 굳게 닫은 채, 세상으로부터의 단절을 스스로 선택한 채 살아가고 있습니다. 현재 전국 176개의 모든 교육청에 청소년 자살 사건이 보고되어 있습니다.

수많은 자녀 세대의 마음이 멍들고 찢어진 채로 쓰러져 있습니다. 그러나 안타깝게도 누구 하나 이 아이들의 마음을 들여다보고 공감하며 쓰다듬어주는 이가 없습니다.

강도 만나 쓰러진 이에게 필요한 사람은 율법 지식으로 가득한 바리새인과 레위인이 아니었습니다. 강도 만나 쓰러져 있는 이에게 필요한 사람은, 불쌍히 여기며 가까이 다가가 치료해주는 친구였습니다. 지금 이 시대를 살아가는 자녀 세대들에게 필요한 것은 참 좋은 친구입니다. 이 땅의 모든 부모 세대가 자녀 세대에게 친구가 되어주면 좋겠습니다.

안타깝게도 이 아이들이 사는 세상에는 선생님들만 가득합니다. 학교와 학원, 가정과 교회에는 선생님들만 가득합니다. 지식을 가르치고, 끊임없이 평가하는 선생님만 가득합니다.

**숙제했니? 영어단어 외웠니? 수학 문제 풀었니? 독서록 썼니?
성경 암송은 했니? 설교는 잘 들었니? 큐티는 다 했니? 공과 책 빈칸은 채웠니?**

이 아이들을 순수한 사랑의 대상으로 바라보는 곳은 어디에도 없어 보입니다. 사랑의 테두리 바깥에서 전해지는 율법과 진리는 공허한 종교가 되어, 자녀 세대의 삶에 그 어떤 영향도 미치지 못할 것입니다. 마음을 사로잡지 못하는 규율, 관습, 진리는 껍데기일 뿐인 종교가 되어, 결국에는 소멸하고 말 것입니다. **신앙의 전수가 자녀 세대의 마음을 보듬는 관계 속에서 이루어진다면, 그것은 다음 세대의 삶에 생명의 영향력을 미치는 복음이 됩니다.**

아이들은 지금, 이 순간에도 같이 놀 친구에 목마릅니다. 천진난만한 표정으로 자기의 얼굴을 쳐다보며 함께 웃어주고, 함께 뛰고, 잡으러 가고, 잡히고, 재미있게 놀아주는 어른 친구, 할아버지와 할머니 친구, 삼촌 친구, 이모 친구, 또래 친구가 가득한 교회와 가정은 아이들이 날마다 가고 싶은 교회입니다. 부모 세대가 마음이 상한 자녀 세대를 순수한 사랑의 대상으로 바라보며, 순수하게 사랑하기 시작한다면, 자녀 세대의 상한 마음은 그러한 사랑으로 인해 회복되어갈 것입니다.

두 번째 리부트 공식
All Generation 온 세대가 함께하라!

2006년, 사우스웨스턴 침례신학대학원의 리처드 로스 교수는 이렇게 예견했습니다.

"교회는 세대 분리 교육을 위해 새 건물을 아주 잘 지을 것입니다. 건물의 외형적인 매력과 부서별 프로그램은 청소년들을 자신의 또래들과만 어울리게 할 것입니다. 어른들은 자녀들을 축복하는 특권을 잃어버리게 되며, 청년들은 장년들과의 관계로 인해 얻게 되는 풍성함을 잃어버리게 되고, 가족들은 집에 돌아가는 차 안에서 서로의 얼굴을 확인하게 되는 어처구니없는 광경을 보게 될 것입니다."

예견은 놀랍도록 정확했습니다. 많은 사역자는 자신이 맡은 교회학교 부서의 사역을 성공시키기 위해 다양한 훈련과정과 프로그램을 준비합니다. 교육내용, 교육방법, 교육환경 등 모든 면에서 세대 간의 분리가 정교하여 전문화될수록, 우리는 교회교육의 수준이 향상되었다고 착각합니다. 참 아이러니한 사실은, 수많은 교회가 세대 간의 분리 구조를 추구하면서도, 가정이 신앙으로 하나 되기를 바라고 있다는 점입니다.

교회(ἐκκλησία)의 성경적 의미는 무엇입니까? 교회는 예수 그리스도의 죽음과 부활에 믿음으로 응답하는 사람들이, 성령의 능력 안에서 하나님을 찬양하고 예배드리기 위하여 부름받은 공동체입니다.

교회는 신분, 성별, 연령을 초월하여
예수 그리스도의 보혈로 하나 된 한 몸 공동체입니다.

16세기에 개혁교회 주일학교는 교회의 이러한 본질을 회복하기 위하여 세대 통합 예배를 드렸습니다. 그들은 영유아, 어린이, 청소년, 장년, 노년이 모두 함께 모여 그리스도의 한 몸을 세우는 예배를 드렸습니다. 부모와 자녀 세대가 매 주일, 복음을 함께 듣고, 함께 은혜받으며, 함께 결단하였습니다.

교회의 본질을 회복하면, 자연스럽게 부모 세대와 자녀 세대 간의 신앙 전수가 활발해집니다. 기독교 교육학자인 존 웨스터호프 3세는 신앙 전수의 위기를 극복하기 위해서는 온 세대가 함께 예배드리며, 함께 복음을 경험해야 한다고 하였습니다. 부모 세대와 자녀 세대가 함께 복음을 받고, 함께 복음을 경험하는 시간 속에서, 자녀 세대들은 자신이 누구이며 어느 공동체에 속해있는지에 대한 정체성이 수립됩니다.

온 세대가 함께하는 예배와 프로그램은 세대와 계층과 문화를 뛰어넘고 언어와 인종을 초월하여 하나 되는 신비와 기쁨을 공유하는 시간입니다. 교회가 이러한 예배와 프로그램을 의도적이고 정기적으로 마련한다면, 자녀 세대들은 교회와 한 가족이 되는 경험을 하게 될 것입니다. 자녀 세대들은 온 세대와 함께하는 경험 속에서, 자신이 단지 교육 부서의 학생이 아닌, 교회의 참된 성도임을 깨닫게 될 것입니다.

《복음놀이 리부트 50》에 나오는 모든 성경놀이는
온 세대를 위한 세대 통합 콘텐츠입니다.

복음놀이의 대상은 모든 세대(영아, 유아, 아동, 청소년, 청년, 장년, 노년)입니다. 향기나무 사역팀이 가는 곳마다 온 세대가 모여 있습니다. 우리는 그곳에서 복음을 놀이합니다. 다양한 연령대와 성별과 직업의 사람들을 대상으로 동일한 복음놀이를 진행합니다.

과연 부모 세대와 자녀 세대가 함께 하는 성경놀이가 가능할까요? 신체와 인지발달 수준이 다르고, 언어와 문화의 격차가 큰 여러 세대가 같은 놀이를 하는 것이 가능할까요?

교회와 온 세대의 가정이 연합한 자리는 전혀 생각하지 못한 사랑과 생명의 영향력이 발휘됩니다. 이 책에 나오는 모든 복음 놀이는 세대와 성별을 뛰어넘는 복음도구입니다. 복음놀이를 여러 현장에서 진행한 연구원들은 일제히 이렇게 말합니다.

"향기나무 놀이는 여러 세대가 함께 할수록 즐거움과 감동이 커집니다!"

0세부터 100세까지 모든 세대가 '복음놀이'라는 공통언어로 함께 소통하면서, 온 세대가 어느새 하나가 됩니다. 이것이 향기나무 복음놀이의 힘입니다.

세 번째 리부트 공식
Gospel Play 복음을 놀이하라!

놀이는 자녀 세대에게 마주함의 행복과 기쁨을 경험하게 하는 최고의 방법입니다. 지금 아이들에게 가장 필요한 것은, 사람과 사람의 만남이 얼마나 행복하며 소중한지를 경험하게 하는 것입니다.

놀이=밥

구글, 나이키, 페라리, 디즈니 등을 제치고 세계에서 가장 영향력이 크다고 인정받는 브랜드는 바로 '레고'입니다. 전 세계적으로 모든 연령층에게 사랑받는 장난감 레고는 덴마크어로 '잘 논다'라는 뜻의 'leg godt'를 줄인 말입니다.

잘 노는 것은 과연 가치 있을까요? 개미와 베짱이의 이야기를 떠올려 봐도, 열심히 일하는 개미와 달리 매일 잘 놀기만 하는 베짱이는 한심하게 보일 뿐입니다. 그렇다면 정말 놀이는 무가치한 일일까요?

다음 세대에게 잘 노는 일은 한심한 일이 아니라, 생존에 필요한 매우 중요한 일입니다. 왜냐하면 아이들에게 놀이는 마음의 밥이기 때문입니다. 좀 더 극적으로 표현하면, 놀이는 이 아이들에게 생기이며, 목숨입니다. 놀이는 아이들의 건강한 몸과 마음에 없어서는 안 될 밥과 같은 존재입니다. 그렇기에 놀지 않으면 아이들은 몸과 마음이 아프게 됩니다. 아이들이 혼자서라도 인라인이나 보드를 타며 노는 것은 자기의 몸과 마음을 지키기 위한 처절한 몸부림과 같습니다.

아이들이 "놀아주세요!"라고 말하는 것은 단순히 그 놀이를 하고 싶어서가 아닙니다.
"지금 제 마음이 아파요, 제 마음을 좀 돌봐주세요!"라는 의미입니다.

놀이는 마음을 표현할 수 있게 도와주는 '마음의 언어'입니다. 아이들은 자신의 감정과 생각을 언어로 정확하게 표현하는 것이 어렵기 때문에, 놀이를 통해 마음속 깊은 이야기를 꺼내게 됩니다. 심각한 환경오염과 팬데믹은 우리 아이들의 놀이터를 빼앗아 갔으며, 과중한 학업은 아이들의 놀 틈과 친구를 빼앗아 갔습니다.

이 땅의 모든 부모 세대가 자녀 세대들에게 좋은 친구가 되어 신나게 놀아주면 좋겠습니다. 이 아이들이 살아가는 세상 어디에서든, 아이들에게 천진난만한 미소를 보여주며 함께 노는 또래 친구와 어른 친구들이 가득해지면 좋겠습니다. 교회와 가정이 함께 손을 잡고, 마음이 상한 우리의 자녀 세대들의 마음을 치료하기 위해, 의도적이고 전략적이며 반복적으로 놀이하는 시간을 따로 마련하면 좋겠습니다.

가족+놀이=보약밥

"놀이는 할 일이 없는 부모나 하는 일이에요. 너무 바빠서 놀 여유가 없습니다!"

이와 같은 현실 속에서 우리의 아이들은 부모와 단 10분도 소통하지 못한 채 하루를 보냅니다. 어릴 때부터 그러한 환경에서 자라면 어떤 결과가 기다리고 있을까요. 아이들은 너무나도 당연하게 부모로부터 자신을 단절시키게 됩니다. 학교와 교회, 그리고 나아가 세상과의 고립과 단절을 스스로 선택하게 됩니다.

가족과 함께하는 놀이는 그냥 밥이 아닙니다. 상처 입은 몸과 마음을 치료하고 회복시키는 보약밥입니다. 코로나 팬데믹으로 심각한 스트레스와 두려움을 경험한 아이들에게 필요한 것은, 사랑하는 가족과 함께하는 놀이입니다.

누구보다 편안하고 소중한 가족들과 눈과 눈을 마주 보고,
몸과 몸을 맞대며 함께하는 놀이는 세상 그 어떤 놀이보다 더 큰 사랑과 위로를
경험하게끔 하는 보약과 같은 시간일 것입니다.

어린 시절부터 부모가 자녀의 놀이 친구가 되어 아이의 마음을 잘 다독여주고 소통한다면, 이 아이는 인생을 살면서 심각하고 어려운 문제를 만났을 때 당연히 부모를 찾게 됩니다. 반대로 그렇지 않은 경우엔 인생을 살며 어떤 어려운 문제를 만날 때, 어차피 내 부모는 신경도 쓰지 않을 것이라는 불신감으로 인해 더는 부모와 소통하지 않을 것입니다.

안타깝게도, 수많은 부모가 자녀와 '잘 노는 것'보다 '잘 가르치는 것'을 우위에 둡니다. 한글을 가르치고, 영어를 가르치고, 운동을 가르치고, 성경을 가르칩니다. 아이들은 하루 종일 학교에서 가르침을 받고, 학원에 가서도, 교회에서도, 그리고 집에서도 가르침을 받습니다. 그러다 보니 대화할 시간은 없습니다. 중요한 것을 배워야 하기에 놀 시간이 없습니다. 우리는 모든 업무 중 소통의 시간을 가장 덜 중요한 최하위 항목에 넣어두고, 시간이 생기면 하고 시간이 없으면 하지 않아도 될 일로 여깁니다.

부모와 자녀가 함께 놀면, 어떤 일이 일어날까요? 놀이는 부모와 자녀의 굳은 얼굴을 미소로 가득하게 만들어줍니다. 바쁘고 분주한 일상 안에서, 우리는 서로를 향해 여유롭게 잘 미소 짓지 못합니다. 그러나 하찮아 보이는 가위바위보 놀이에도 저절로 미소 짓게 되듯, 놀이는 서로를 향해 따스한 미소를 머금게 만듭니다. 그러한 미소는 마음이 상한 자녀를 치료하는 최고의 보약이 됩니다.

놀이는 부모와 자녀의 공통언어가 되어서, 부모 세대와 자녀 세대를 가로막고 있는 높은 벽을 허물어트리고 마음과 마음을 잇는 소통이 가능하게 합니다.

가족+놀이+복음=생명 보약밥

날마다 비상 상황이 가득한 뉴스를 접하며 불안과 공포 속에서 살아가는 우리의 자녀들에게 가장 필요한 것은 어떤 밥일까요? 생명 보약밥입니다. 가족과 함께하는 성경 놀이는 단순히 몸과 마음을 치유하는 차원을 넘어, 죄에 짓눌려 있는 영혼을 숨 쉬게 하는 생명의 시간이 됩니다.

자녀들에게 부모는 세상 그 무엇보다 강한 영향력을 미치는 존재입니다. 그러한 부모가 자녀들과 마주하여 복음을 함께 경험한다면, 그 시간은 미디어의 자극을 능가하는 생명의 초고자극 시간이 될 것입니다.

**부모와 자녀가 얼굴과 얼굴을 맞대고, 몸과 몸을 맞대며 복음을 놀이하는 시간은,
내 삶과 무관하게 보이는 추상적인 복음이 내 삶에 실제적으로
영향력을 미치는 시간이 되게 할 것입니다.**

각자 다채로운 삶의 스토리를 지닌 부모 세대와 자녀 세대는 복음놀이를 통해 비로소 나이와 성별과 문화를 초월하는 단 하나의 생명 스토리를 만들어낼 것입니다.

가족의 사랑을 충분히 받지 못하는 아이들이 있습니까? 교회가 가족의 사랑이 필요한 아이들과 복음으로 함께 놀이해 보세요. 가족 같은 교회 공동체와 함께하는 복음놀이 시간은 상하고 약한 영혼을 만지시고 치료하는 하나님의 사랑을 경험하는 시간이 될 것입니다.

PART 2

신앙교육을 활성화시키는
**복음놀이 리부트
워밍업**

첫 번째 리부트 워밍업
4 Color Gospel
복음을 준비하라!

복음(福音)은 '기쁜 소식'이라는 뜻입니다.

오랫동안 질병에 시달린 사람에게는 "완전히 나았어요!"라는 말이 기쁜 소식입니다.

아무것도 먹지 못해 배고픈 사람에게는 "이것 좀 드세요!"라는 말이 기쁜 소식입니다.

목마른 사람에게는 "여기 물이 있어요!"라는 말이 기쁜 소식입니다.

집이 없는 사람에게는 "집이 생겼어요!"라는 말이 기쁜 소식입니다.

세상 사람들이 모두 동일하게 기뻐할 소식이 있습니다.

그것은 바로 "예수 그리스도!"입니다.

예수님이 나의 예수님이 되는 순간, 우리에게는 놀라운 기적이 찾아옵니다.

이 책에 제시된 놀이에는 네 가지의 복음색깔과 복음의 진리가 담겨 있습니다.

놀다 보니 하나님!

하나님

"하나님이 나를 창조하셨고,
하나님은 지금 나와 함께 하십니다!"

하나님이 자기 형상 곧
하나님의 형상대로
사람을 창조하시되
남자와 여자를 창조하시고
(창세기 1:27)

놀다 보니 예수님!

예수님

"예수님이 십자가에 달려 흘리신 피가
내 죄를 깨끗하게 합니다!"

그 아들 예수의 피가
우리를 모든 죄에서
깨끗하게 하실 것이요
(요한일서 1:7)

놀다 보니 생명!

생명

"나에게는 죄와 죽음을 이기신
예수님의 부활 생명이 있습니다!"

하나님이 세상을 이처럼 사랑하사
독생자를 주셨으니
이는 그를 믿는 자마다 멸망하지 않고
영생을 얻게 하려 하심이라
(요한복음 3:16)

놀다 보니 자녀!

자녀

"나는 이제 죄의 종이 아니라
하나님의 자녀입니다!"

영접하는 자
곧 그 이름을 믿는 자들에게는
하나님의 자녀가 되는 권세를 주셨으니
(요한복음 1:12)

리부트 워밍업
Unstructured Play Materials
비구조화 놀잇감*을 준비하라!

구조화되지 않은 놀잇감은 일정한 형식 없이, 놀이하는 사람이 자신만의 놀이 방법을 선택하여 다양한 용도로 사용할 수 있는 놀잇감을 말합니다. 비구조화 놀잇감을 사용하면 어떤 장점이 있을까요?

창조 놀이하는 사람은 자신의 연령과 성별과 기호에 맞게 놀잇감을 자유자재로 변형하여 새로운 놀이를 창조합니다.

주도 놀이하는 사람은 놀이의 주인공이 됩니다. 비구조화 놀잇감은 내면에 잠자고 있던 자발성과 열정을 깨웁니다.

몰입 놀이하는 사람은 새롭게 창조되는 놀이에 몰입합니다. 그는 어느새 과학자처럼 놀잇감에서 눈을 떼지 못하며 깊이 탐색하고 또 탐색합니다.

감탄 놀이하는 사람은 다양한 놀이 경험에 감탄합니다. 결과가 뻔하게 예상되는 구조적 놀잇감이 주는 즐거움과는 전혀 차원이 다른 감탄입니다.

소통 연령, 성별, 기호가 다른 사람들이 각자의 색깔로 놀이에 참여합니다. 비구조화 놀잇감은 어느새 모든 세대를 하나로 이어주는 공통언어가 됩니다.

스티커	옷	펜
종이	풍선	파라슈트
종이벽돌	열매	털실
종이컵	스카프	

* 구조화된 놀잇감은 형태가 정해져 있어서 한 가지 방법으로만 놀이가 가능한 폐쇄형 놀잇감입니다. 반면에 비구조화된 놀잇감은 구조화되어 있지 않아 다양한 형태와 방법으로 놀이가 가능한 개방형 놀잇감입니다.

세 번째 리부트 워밍업
Skilled Coordinator
복음놀이 코디네이터를 세워라!

코디네이터 과정 안내

첫째, 복음 전파의 사명감을 가집니다.
복음놀이 코디네이터는 단순히 레크레이션이나 놀이를 이끄는 진행자가 아닙니다.
복음놀이 코디네이터는 복음놀이를 통해 복음을 전파하는 사명자입니다.
복음놀이 코디네이터는 말씀과 기도로 무장해야 합니다.

둘째, 복음의 언어로 추임새를 넣습니다.
여러 세대의 사람들에게 공통의 언어는 '복음'입니다.
복음은 온 세대를 하나로 만드는 생명 가득한 추임새입니다.
모든 놀이마다 복음의 핵심 주제를 외칩니다.
복음을 받자! 복음을 입자! 복음을 전하자! 복음 위에 서자! 복음을 높이자!

셋째, 점진적으로 진행합니다.
활동 방법이 점진적으로 확장되도록 합니다.
혼자 하는 놀이에서 두 명, 세 명, 소그룹, 전체의 순서로 진행합니다.
앉아서 할 수 있는 정적인 놀이에서 서기, 돌아다니기, 뛰기 등 동적인 놀이가 되도록 점진적인 변화를 줍니다.

넷째, 주의집중을 위한 기술이 필요합니다.
진행 방법과 복음의 내용을 설명하거나 놀이를 마무리할 때에
주의집중을 위한 기술이 필요합니다.
박수, 손유희, 노래 등을 활용하거나 숫자 세기 등을 통해
진행자에게 집중하도록 합니다.

다섯째, 장황한 설명보다 시범을 보여줍니다.
놀이에 대한 언어적 설명은 놀이 참여자들에게 쉽게 이해되지 않습니다.
놀이에 대한 설명은 명료하고 간단하게 한 후, 시범단이 시범을 보여줍니다.
놀이 방법이 담긴 사진과 간결한 문구를 준비하여 보여줍니다.

여섯째, 놀이가 활성화되도록 배경 찬양을 준비합니다.
놀이 주제가 반영된 찬양을 준비합니다.
역동적인 동작이 있는 놀이에는 경쾌하고 비트 있는 찬양을 준비하고
정적인 놀이에는 느리고 잔잔한 찬양을 준비합니다.
진행자가 놀이 중간에 설명을 덧붙일 경우 찬양 소리를 낮추고
놀이가 마무리되면 찬양도 멈춥니다.

일곱째, 놀이 참여자의 표현방식과 속도를 존중하며 유연하게 진행합니다.
모든 놀이 참여자는 비구조화 놀잇감을 매개로 하여 서로 자유롭게 소통하며,
복음을 자유롭게 경험할 수 있어야 합니다.
진행자는 개개인의 표현방식과 속도를 존중하며, 그들의 놀이 참여 방식에 따라
유연하게 진행할 수 있어야 합니다.

이 책의 활용법

복음놀이에 필요한
준비물을 준비합니다.

말씀터의 말씀을
온 세대가 함께 읽습니다.

복음에 대한 질문을 나누고,
서로의 생각을 자유롭게
이야기합니다.

복음의 의미를 온 세대에게
쉽고 간결하게 전달합니다.

진행 방법에 제시된 대로
복음놀이를 진행합니다.

복음놀이 주제찬양을 함께 부르고,
복음놀이의 배경음악으로 사용합니다.

01 하나님이 너를 창조하셨다
창세기 2장 7-8절

준비물 | 복음색깔 하트 스티커(파란색, 빨간색, 초록색, 노란색)

주제찬양

말씀터
- 여호와 하나님이 땅의 흙으로 사람을 지으시고 생기를 그 코에 불어 넣으시니 사람이 생령이 되니라
- 여호와 하나님이 동방의 에덴에 동산을 창설하시고 그 지으신 사람을 거기 두시니라

복음놀이터

1. 나는 어떻게 만들어졌을까요?

하나님은 하나님 자신을 나타내 보일 수 있는 하나님의 형상자를 만들기로 하셨습니다.
"나를 온 세상에 나타낼 나의 형상인 사람을 만들 거야!"
하나님은 흙으로 하나님의 형상자를 빚으셨습니다.
하나님은 흙으로 사람을 빚으시면서 하나님의 사랑을 가득 담았습니다.
우리는 모두 하나님의 사랑을 가득 담고 있는 하나님의 형상자입니다.

Play 한 사람이 가운데 눕고, 나머지 사람들은 누워있는 사람 주위에 모여 앉습니다. 하나님이 사람을 창조하실 때 흙을 빚으신 것처럼, 누워있는 사람의 신체를 주무르며 복음색깔 스티커를 붙여줍니다. 이때 스티커 색깔에 담긴 복음 단어를 말하며 붙입니다. 만약 가족이 아닌 사람들과 함께하는 경우, 신체접촉에 불편함이 없도록 동성끼리 진행합니다.

복음놀이 진행준비와 진행을 위한 다양한 아이디어를 확인합니다.

스티커

진행팁
스티커가 없는 경우, 상대방의 신체에다 엄지손가락으로 신체에 도장을 찍듯이 누르며 아래의 복음 단어를 말합니다.

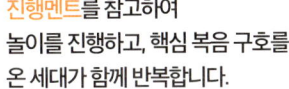

우리는 하나님의 형상자입니다. 누워있는 사람의 몸에 복음 스티커를 붙여 보세요.
(하늘색 스티커를 붙이며) 창조의 하나님!
(빨간색 스티커를 붙이며) 구원의 하나님!
(초록색 스티커를 붙이며) 생명의 하나님!
(노란색 스티커를 붙이며) 자녀 삼으시는 하나님!

진행멘트를 참고하여 놀이를 진행하고, 핵심 복음 구호를 온 세대가 함께 반복합니다.

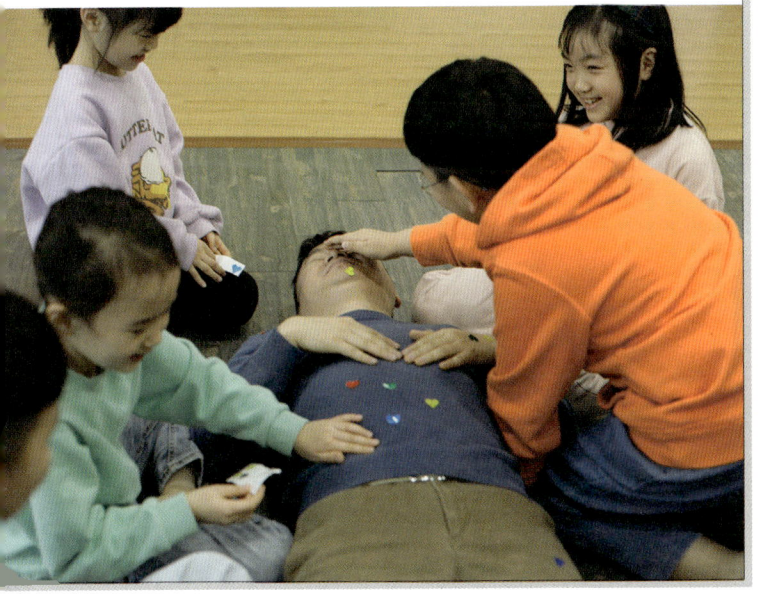

PART 3

신앙교육을 활성화시키는
복음놀이 리부트
스타트

PART 3

신앙교육을 활성화시키는
복음놀이 리부트
스타트

스티커

우리는 아름답고 존귀한 하나님의 형상자입니다.
복음색깔 스티커가 가득 붙어 있는
서로의 모습은 아름답고 존귀한 작품입니다.
스티커를 신체에 붙이거나 놀이도구에 붙이며,
복음을 즐겁게 경험할 수 있습니다.
복음 스티커를 붙이며 서로 축복하다 보면
굳게 닫힌 마음이 어느새 활짝 열리게 됩니다.

하나님이 자기 형상 곧 하나님의 형상대로 사람을 창조하시되 남자와 여자를 창조하시고
_창세기 1장 27절

01 하나님이 너를 창조하셨다

창세기 2장 7-8절

준비물 | 복음색깔 하트 스티커(파란색, 빨간색, 초록색, 노란색)

주제찬양

말씀터
- 여호와 하나님이 땅의 흙으로 사람을 지으시고 생기를 그 코에 불어 넣으시니 사람이 생령이 되니라
- 여호와 하나님이 동방의 에덴에 동산을 창설하시고 그 지으신 사람을 거기 두시니라

복음놀이터

❶ 나는 어떻게 만들어졌을까요?

하나님은 하나님 자신을 나타내 보일 수 있는 하나님의 형상자를 만들기로 하셨습니다.

"나를 온 세상에 나타낼 나의 형상인 사람을 만들 거야!"

하나님은 흙으로 하나님의 형상자를 빚으셨습니다.

하나님은 흙으로 사람을 빚으시면서 하나님의 사랑을 가득 담았습니다.

우리는 모두 하나님의 사랑을 가득 담고 있는 하나님의 형상자입니다.

Play 한 사람이 가운데 눕고, 나머지 사람들은 누워있는 사람 주위에 모여 앉습니다. 하나님이 사람을 창조하실 때 흙을 빚으신 것처럼, 누워있는 사람의 신체를 주무르며 복음 색깔 스티커를 붙여줍니다. 이때 스티커 색깔에 담긴 복음 단어를 말하며 붙입니다. 만약 가족이 아닌 사람들과 함께하는 경우, 신체접촉에 불편함이 없도록 동성끼리 진행합니다.

스티커

 스티커가 없는 경우, 상대방의 신체에다 엄지손가락으로 신체에 도장을 찍듯이 누르며 아래의 복음 단어를 말합니다.

우리는 하나님의 형상자입니다. 누워있는 사람의 몸에 복음 스티커를 붙여 보세요.
(하늘색 스티커를 붙이며) 창조의 하나님!
(빨간색 스티커를 붙이며) 구원의 하나님!
(초록색 스티커를 붙이며) 생명의 하나님!
(노란색 스티커를 붙이며) 자녀 삼으시는 하나님!

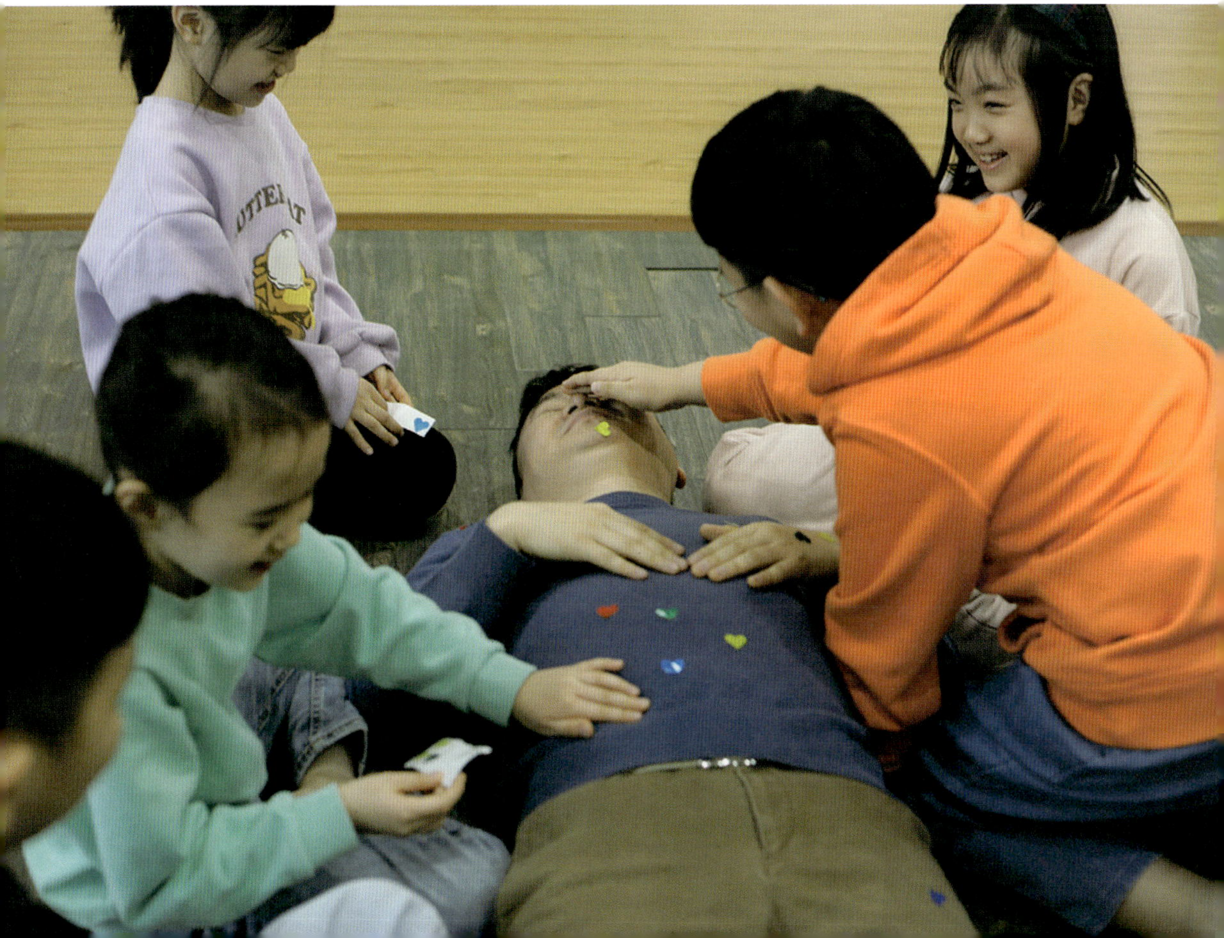

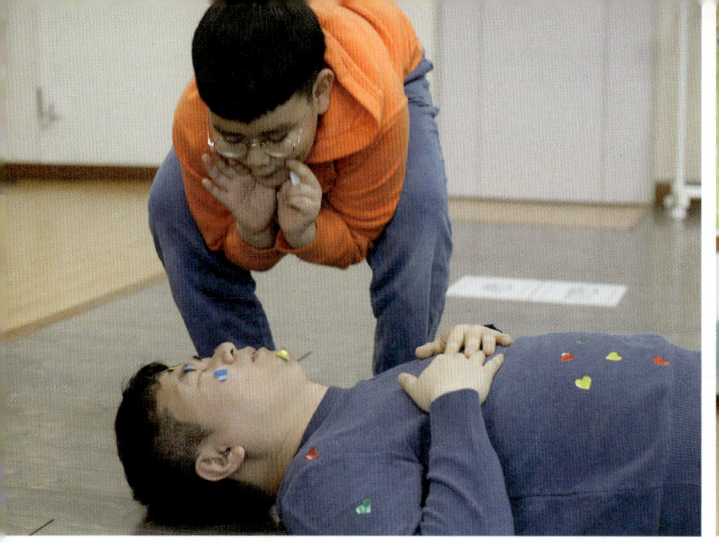

❷ 나의 생명을 다스리는 분은 누구일까요?

하나님은 흙을 빚어 모양을 만들고, 코에 하나님의 생명의 숨을 가득 불어넣으셨습니다. 하나님의 생명의 숨이 들어가자, 비로소 하나님의 형상을 지닌 사람이 완성되었습니다.

사람이 창조된 과정을 들어보니, 나는 어떤 존재입니까?

나는 시간의 흐름 속에서 어쩌다 우연히 존재하게 된 진화 동물이 아닙니다.

나는 하나님의 특별한 계획에 따라 심혈을 기울여 창조된 하나님의 형상자입니다.

Play 누워있는 사람의 콧구멍에 바람을 불어넣습니다. "후~"하고 불면 가만히 누워있던 사람이 갑자기 일어나, 여러 사람 중 한 사람을 선택하여 안아줍니다.

기도 하나님, 우리를 하나님의 형상으로 창조해주셔서 감사합니다. 우리가 하나님의 특별한 사랑 안에서 지어진 존재임을 알고, 나 자신과 타인을 존귀하게 여기며 사랑하게 해주세요. 예수님의 이름으로 기도합니다. 아멘.

02 너는 하나님의 형상이다

창세기 1장 26-27절

준비물 | 복음색깔 하트 스티커(파란색, 빨간색, 초록색, 노란색), 찰흙
재료가 없다면 | 찰흙 대신 다양한 그릇

주제찬양

말씀터

- 하나님이 이르시되 우리의 형상을 따라 우리의 모양대로 우리가 사람을 만들고 그들로 바다의 물고기와 하늘의 새와 가축과 온 땅과 땅에 기는 모든 것을 다스리게 하자 하시고
- 하나님이 자기 형상 곧 하나님의 형상대로 사람을 창조하시되 남자와 여자를 창조하시고

복음놀이터

❶ 하나님은 나를 어떤 그릇으로 만드셨을까요?

하나님께는 우연이 없습니다. 하나님이 하시는 모든 일에는 목적이 있습니다.

하나님은 우리를 무엇인가를 담는 그릇으로 창조하셨습니다.

우리는 모두 끊임없이 자신의 그릇 안에 무엇인가를 담으려고 합니다.

어떤 사람은 '돈'을 담아서 나를 채웁니다.

어떤 사람은 '지식'을 담아서 나를 채웁니다.

또 어떤 사람은 '쾌락'을 담아서 나를 채웁니다.

Play 다양한 방법을 동원해 찰흙으로 그릇을 만듭니다.
이미 완성된 그릇이 있다면, 그릇을 보며 이야기를 나누어 봅니다.

나는 나를 멋지게 완성하기 위해 무엇을 담으려고 합니까?

(나는 건강을 담기 위해 애쓰고 있습니다.)

(나는 친구를 담기 위해 애쓰고 있습니다.)

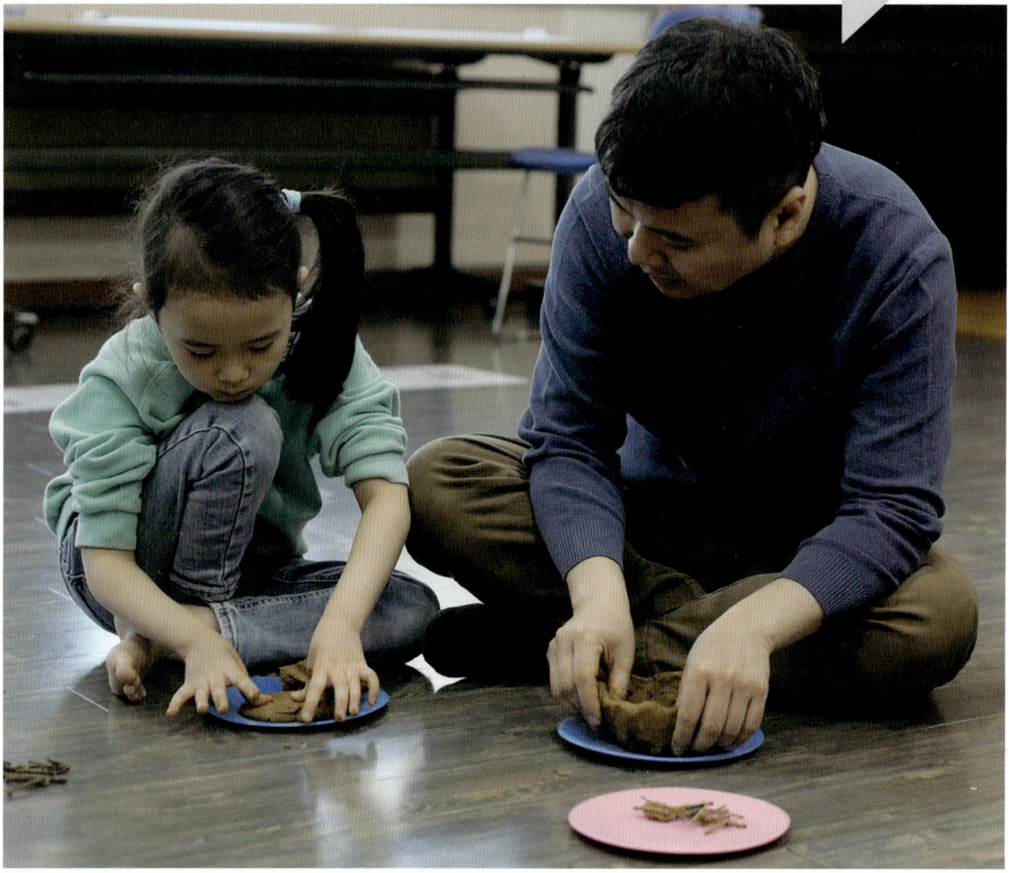

❷ 하나님을 어떻게 담을 수 있을까요?

하나님은 우리를 하나님을 담는 그릇으로 창조하셨습니다.

우리는 하나님을 가득 담아, 하나님을 나타내는 그릇으로 만들어졌습니다.

하나님이 내 안에 가득 차 있으면, 최고로 멋진 내가 완성됩니다.

하나님의 말씀과 기도로 하나님을 내 안에 가득 담을 수 있습니다.

 복음색깔 하트 스티커를 자신의 그릇 안에 붙입니다.

스티커 색깔에 담긴 복음 단어를 말하며 붙입니다.

> 우리는 하나님을 담아야 합니다. 그릇 안에 복음 스티커를 붙여 보세요.
>
> (하늘색 스티커를 붙이며) 창조의 하나님!
> (빨간색 스티커를 붙이며) 구원의 하나님!
> (초록색 스티커를 붙이며) 생명의 하나님!
> (노란색 스티커를 붙이며) 자녀 삼으시는 하나님!

기도 하나님, 우리를 하나님의 형상으로 창조해주셔서 감사합니다. 하나님의 사랑과 생명을 날마다 충전하여서 많은 사람에게 사랑과 생명을 전하는 가정이 되게 해주세요. 예수님의 이름으로 기도합니다. 아멘.

03 하나님이 너에게 있다

스바냐 3장 17절

준비물 | 복음색깔 하트 스티커(파란색, 빨간색, 초록색, 노란색)

주제찬양

말씀터

○ 너의 하나님 여호와가 너의 가운데에 계시니 그는 구원을 베푸실 전능자시라 그가 너로 인하여 기쁨을 이기지 못하여 하시며 너를 잠잠히 사랑하시며 너로 인하여 즐거이 부르며 기뻐하시리라 하리라

복음놀이터

❶ 하나님은 어디에 있을까요?

하나님은 눈에 보이지 않지만, 지금 나와 함께 있습니다.
하나님은 내가 어머니 뱃속에 있을 때에도 함께하셨습니다.
하나님은 내가 혼자 있을 때도, 잠을 잘 때도, 회사와 학교에 갈 때도
언제나 나와 함께 하십니다.
내가 깊은 물 속에 잠길 때도, 무서운 태풍 속에 있더라도 하나님은 나와 함께 있습니다.
하나님은 언제나 나와 함께 있습니다.

Play 놀이 전, 한 사람이 하나님을 상징하는 복음색깔 스티커를 신체 곳곳에 숨깁니다
(예: 귀 뒤, 정수리, 손바닥, 발바닥 등).

❷ 나와 함께 하시는 하나님은 어떤 분일까요?

하나님은 지금 나와 함께 있습니다.

나와 함께 하시는 하나님은 아무것도 하지 않고 가만히 있는 분이 아닙니다.

하나님은 나를 아름답게 창조하시고, 언제나 나와 동행하십니다.

하나님은 나에게 예수님을 보내주시고, 죄를 씻어 주십니다.

하나님은 나에게 영원한 생명을 주시고, 죄와 싸워 이기도록 도와 주십니다.

하나님은 나를 하나님의 자녀로 삼아주시고, 사랑으로 돌보십니다.

Play 몸에 숨긴 스티커를 찾습니다. 스티커를 찾을 때마다, 색깔이 의미하는 복음을 외칩니다. 만약 가족이 아닌 사람들과 함께하는 경우, 신체접촉에 불편함이 없도록 상대방이 허락한 범위 내에서 혹은 동성끼리 진행합니다.

Talk 하나님은 우리 가운데 계십니다. 복음 스티커를 찾아 봅시다.
(파란색 스티커를 찾으며) 창조의 하나님이 여기에 있다!
(빨간색 스티커를 찾으며) 구원의 하나님이 여기에 있다!
(초록색 스티커를 찾으며) 생명의 하나님이 여기에 있다!
(노란색 스티커를 찾으며) 자녀 삼으시는 하나님이 여기에 있다!

기도 하나님, 우리와 늘 함께 해주셔서 감사합니다. 매 순간 하나님이 우리와 함께하심을 인정하며, 하나님과 동행하는 가정이 되게 해주세요. 예수님의 이름으로 기도합니다. 아멘.

04 너는 예수님의 증인이다

사도행전 1장 8절

준비물 | 종이컵, 펜, 검은색 시온 스티커

주제찬양

말씀터

- 오직 성령이 너희에게 임하시면 너희가 권능을 받고 예루살렘과 온 유대와 사마리아와 땅 끝까지 이르러 내 증인이 되리라 하시니라

복음놀이터

① 예수님의 증인이 하는 일은 무엇일까요?

예수님은 승천하시면서 제자들에게 성령님을 보내주겠다고 약속하셨습니다.

성령님이 내 안에 오시면, 특별한 힘과 능력을 받습니다.

성령님이 내 안에 오시면, 예수님의 증인이 됩니다.

예수님을 모르는 세계 땅끝까지 예수님을 전하는 사람이 됩니다.

 종이컵의 겉면에 '예수님'이라고 적습니다.

예수님의 증인은 말과 행동과 생각을 통해서 예수님을 드러냅니다.
종이컵 겉면에 '예수님'의 이름을 적어 보세요.
어떤 말과 행동과 생각이 예수님을 드러내는지도 이야기해 보세요.

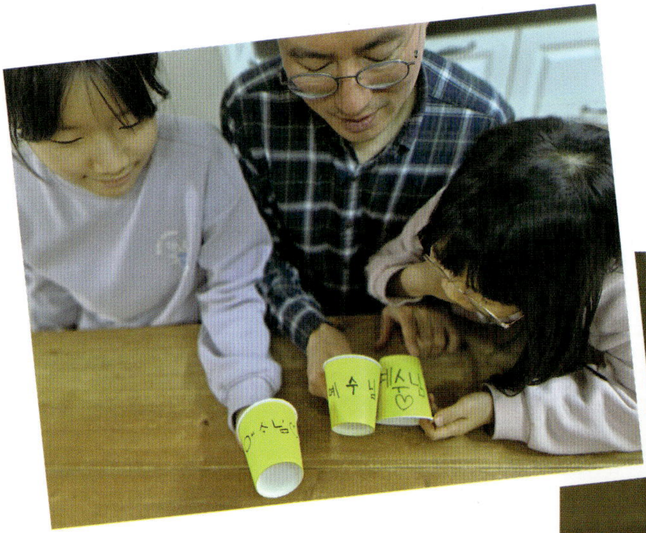

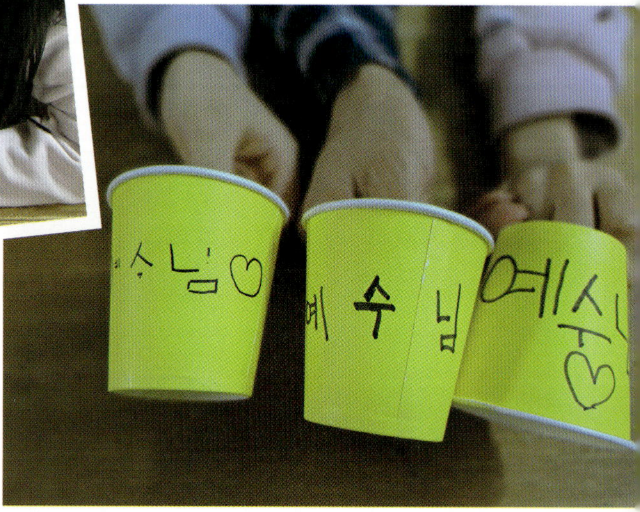

② 예수님의 증인답지 못한 모습은 무엇입니까?

우리가 죄를 가까이할수록, 우리는 예수님의 증인이 되지 못합니다.

반대로 우리가 죄를 멀리할수록, 우리는 예수님의 증인이 됩니다.

성령님은 나를 통해서 예수님이 나타나도록 도우십니다.

죄는 나를 통해서 예수님이 나타나지 못하도록 방해합니다.

Play 종이컵에 적힌 '예수님'이란 글자 위에 죄를 상징하는 검은색 시온 스티커를 붙입니다.

Talk

죄는 예수님의 증인이 되지 못하도록 방해합니다.

검은색 시온 스티커를 글자 위에 붙여 보세요.

❸ **내 마음속에 성령님이 가득해지면 어떻게 달라질까요?**

베드로가 전하는 복음을 듣고, 삼천 명이나 되는 사람들이 죄를 고백하고 성령님을 선물 받았습니다.
수많은 사람이 성령님을 선물 받은 후 완전히 달라졌습니다. 그들은 성령님의 도우심으로 예수님의 증인이 되었습니다.
그들의 말과 행동과 생각을 통해서 예수님이 나타났습니다.

Play 종이컵 안에 따뜻한 물을 가득 붓습니다. 시온 스티커가 투명해지면서 '예수님'이란 글자가 나타날 것입니다. 따뜻한 물이 식으면 '예수님'이란 글자는 보이지 않게 됩니다.

Talk 성령님으로 뜨겁게 충만해지면 나의 모습을 통해서 예수님이 나타납니다.
따뜻한 물이 컵에 가득찰 때 어떤 변화가 일어나는지 관찰해 보세요.

기도 하나님, 우리에게 성령님을 선물로 주셔서 감사합니다. 성령님의 능력으로 매 순간 예수님을 증거하는 가정이 되게 해주세요. 예수님의 이름으로 기도합니다. 아멘.

PART 3

신앙교육을 활성화시키는
복음놀이 리부트
스타트

하나님은 죄인인 우리에게
예수 그리스도의 옷을 입혀주셨습니다.
옷은 죄인이었던 우리를 품으시는
예수 그리스도와 닮았습니다.
옷 위에 앉거나 서고, 다채롭게 입어 보면서 복음의 매력을 경험할 수 있습니다.
복음색깔의 옷을 입고 신나게 놀이하다 보면
복음을 향한 감사가 커집니다.

오직 주 예수 그리스도로 옷 입고 정욕을 위하여 육신의 일을 도모하지 말라
_로마서 13장 14절

05 예수님을 환영하다

마태복음 21장 6-9절

준비물 | 복음색깔 옷(파란색 또는 하늘색, 빨간색, 초록색, 노란색)

주제찬양

말씀터

- 제자들이 가서 예수께서 명하신 대로 하여
- 나귀와 나귀 새끼를 끌고 와서 자기들의 겉옷을 그 위에 얹으매 예수께서 그 위에 타시니
- 무리의 대다수는 그들의 겉옷을 길에 펴고 다른 이들은 나뭇가지를 베어 길에 펴고
- 앞에서 가고 뒤에서 따르는 무리가 소리 높여 이르되 호산나 다윗의 자손이여 찬송하리로다 주의 이름으로 오시는 이여 가장 높은 곳에서 호산나 하더라

복음놀이터

❶ 예루살렘 사람들은 왜 예수님을 환영했을까요?

예루살렘 사람들은 예수님이 불의한 왕을 물리칠 멋진 왕이라고 믿었습니다.

사람들은 종려 나뭇잎을 뜯어서 예수님이 오실 길 위에 놓고,

자기들의 겉옷을 벗어 펼쳐놓았습니다.

나귀를 타신 예수님은 사람들이 만든 멋진 길을 따라 올리브 산길을 올라가셨습니다.

사람들은 예수님을 따라가면서 종려 나뭇가지를 흔들며 외쳤습니다.

"호산나, 우리의 왕이 오신다! 호산나, 이스라엘의 왕이 오신다!"

예수님은 자신을 환영하던 사람들이 며칠 후 "예수를 죽여라!" 하고 외치며

공격할 것을 알고 계셨습니다.

 복음색깔 옷을 바닥에 일렬로 깔아 예수님이 오실 길을 만들어 봅니다.

❷ **예수님은 나귀를 타고 예루살렘에 들어가시면서 어떤 생각을 하셨을까요?**

예수님이 걸어가시는 길은 화려한 궁전으로 가는 길이 아닙니다.

예수님이 걸어가시는 길은 하나님이 보내신 길입니다.

예수님이 걸어가시는 길은 우리 죄를 깨끗하게 할 십자가로 가는 길입니다.

예수님이 걸어가시는 길은 죄와 싸워 이길 생명의 길입니다.

예수님이 걸어가시는 길은 우리를 하나님의 자녀가 되게 하는 길입니다.

🔵 **play** 복음색깔 찬양을 부르며 복음색깔 옷으로 만든 길을 걸어 봅니다.

복음색깔 찬양을 부르면서 복음 길을 걸어 봅시다.

파란색은 하나님 하나님 하나님! 손을 높이 올려서 하나님!
빨간색은 예수님 십자가 십자가! 두 손을 벌려서 십자가!
초록색은 영원한 생명 생명! 점프 점프 하면서 생명!
노란색은 하나님 자녀 자녀! 빙그르르 돌아서 자녀!

기도 하나님, 우리에게 예수님을 보내주셔서 감사합니다. 우리를 죄에서 구하기 위해 이 땅에 오신 예수님을 영접하고 날마다 환영하는 가정이 되길 기도합니다. 예수님의 이름으로 기도합니다. 아멘.

06 복음을 입다

로마서 13장 12-14절

준비물 | 다양한 색상의 옷

주제찬양

말씀터

- 밤이 깊고 낮이 가까웠으니 그러므로 우리가 어둠의 일을 벗고 빛의 갑옷을 입자
- 낮에와 같이 단정히 행하고 방탕하거나 술 취하지 말며 음란하거나 호색하지 말며 다투거나 시기하지 말고
- 오직 주 예수 그리스도로 옷 입고 정욕을 위하여 육신의 일을 도모하지 말라

복음놀이터

❶ 나는 어떤 죄의 옷을 입고 있을까요?

우리는 모두 죄의 옷을 입고 태어났습니다.

죄의 옷을 입으면 내가 나의 주인이 되어 마음대로 삽니다.

죄의 옷을 입으면 서로의 약점을 공격하고 놀리며 싸웁니다.

죄의 옷을 입으면 화를 참지 못해서 소리를 지르고 물건을 던집니다.

죄의 옷을 입으면 다른 사람의 돈이나 물건에 욕심 부리고 훔칩니다.

Play 죄에 관한 내용을 들으며 떠오른 색깔의 옷을 찾아 가져 옵니다.
색깔이 의미하는 바를 다양하게 표현하거나 설명합니다.

우리는 모두 죄의 옷을 입고 있습니다. 다양한 색깔의 옷으로 죄를 표현해 보세요.

❷ 예수 그리스도의 옷을 입으면 어떻게 달라질까요?

우리는 죄의 옷을 벗고 예수 그리스도의 옷을 입어야 합니다.

예수 그리스도의 옷을 입으면 언제, 어디서나 하나님과 동행합니다.

예수 그리스도의 옷을 입으면 십자가 보혈로 모든 죄가 씻어집니다.

예수 그리스도의 옷을 입으면 죄와 어둠을 이기는 생명을 얻습니다.

예수 그리스도의 옷을 입으면 하나님의 자녀가 됩니다.

Play 복음의 내용을 들으며 떠오른 색깔의 옷을 찾아서 가져 옵니다.
옷을 이용하여 색깔이 의미하는 바를 다양하게 표현해 봅니다.

Talk 하나님은 우리가 지금까지 입고 있던 죄의 옷을 벗기고, 복음의 옷을 입혀 주셨습니다.
다양한 색깔의 옷으로 복음을 표현해 보세요.

기도 하나님, 우리가 입고 있는 모든 죄의 옷을 예수님의 보혈로 모두 사하여주세요. 날마다 죄의 옷을 벗고, 예수 그리스도의 옷을 입고 살아가기를 원합니다. 예수님의 이름으로 기도합니다. 아멘.

07 십자가는 선물이다

갈라디아서 2장 20절

준비물 | 복음색깔 옷(하늘색 또는 파란색, 빨간색, 초록색, 노란색), 책

주제찬양

말씀터

○ 내가 그리스도와 함께 십자가에 못 박혔나니 그런즉 이제는 내가 사는 것이 아니요 오직 내 안에 그리스도께서 사시는 것이라 이제 내가 육체 가운데 사는 것은 나를 사랑하사 나를 위하여 자기 자신을 버리신 하나님의 아들을 믿는 믿음 안에서 사는 것이라

복음놀이터

① 나에게 십자가는 무서운 벌일까요, 아름다운 선물일까요?

십자가는 살인자, 반역자, 노예와 이방인에게만 주어지는 형벌입니다.

추악한 죄인들의 사형틀인 나무 십자가는 저주를 상징합니다.

죄인은 모든 위험에 완전히 노출된 채로 십자가에 달려 고통을 받습니다.

 책을 이용하여 십자가를 만들어 봅니다.

❷ 복음을 받으면 어떤 일이 일어날까요?

저주의 상징인 나무 십자가에 예수님이 오시면, 아름다운 복음색깔의 십자가가 됩니다.

예수님은 저주와 모욕 가득한 나무 십자가에 오셔서 나를 향한 모든 벌을 막아주십니다.

예수님이 오신 십자가에서, 나는 하나님의 사람이 됩니다.

예수님이 오신 십자가에서, 나는 예수님의 피로 깨끗하게 된 십자가의 사람이 됩니다.

예수님이 오신 십자가에서, 나는 죄와 싸워 이기는 생명의 사람이 됩니다.

예수님이 오신 십자가에서, 나는 하나님의 자녀가 됩니다.

Play 복음색깔 옷을 십자가 위해 덮으면서 하나님이 주신 복음의 선물에 감사의 고백을 합니다.

Talk 십자가 위에 복음색깔 옷을 덮으며, 하나님께 감사의 기도를 해보세요.

(하늘색 또는 파란색 옷을 덮으며) 하나님, 우리를 창조해주셔서 감사합니다.
(빨간색 옷을 덮으며) 예수님의 피로 우리의 모든 죄를 씻어주셔서 감사합니다.
(초록색 옷을 덮으며) 우리에게 영원한 부활 생명을 주셔서 감사합니다.
(노란색 옷을 덮으며) 우리를 하나님의 자녀 삼아주셔서 감사합니다.

기도 하나님, 우리에게 예수님을 보내주셔서 감사합니다. 우리를 죄에서 구하기 위해 이 땅에 오신 예수님을 믿고, 십자가의 능력을 날마다 경험하는 가정이 되게 해주세요. 예수님의 이름으로 기도합니다. 아멘.

08 복음을 전하다

로마서 1장 15-16절

준비물 | 긴팔 티셔츠, 복음색깔 양말
(하늘색 또는 파란색, 빨간색, 초록색, 노란색)

주제찬양

말씀터

- 그러므로 나는 할 수 있는 대로 로마에 있는 너희에게도 복음 전하기를 원하노라
- 내가 복음을 부끄러워하지 아니하노니 이 복음은 모든 믿는 자에게 구원을 주시는 하나님의 능력이 됨이라 먼저는 유대인에게요 그리고 헬라인에게로다

복음놀이터

1 복음을 전하면 어떤 일이 일어날까요?

바울은 세계 곳곳을 다니며 복음을 전했습니다.

바울은 태풍을 만나도 복음을 전했습니다.

그는 사람들에게 핍박받고 감옥에 갇혀 있을 때에도 복음을 전했습니다.

그 결과, 수많은 사람이 예수님을 믿고 죄에서 구원받았습니다.

Play 복음색깔로 된 양말(하늘색 또는 파란색, 빨간색, 초록색, 노란색) 여러 개를 바닥에 놓습니다. 진행자가 외치는 복음 단어에 해당하는 색깔의 양말을 가장 먼저 신으면 해당 양말을 가지게 됩니다. 진행자는 모두가 잘 아는 찬양을 함께 부르게 하다가, 양말 색깔에 해당하는 복음 단어를 외칩니다. 가장 많은 양말을 획득한 사람이 승리합니다.

복음을 전하는 발로 변신해봅시다.
복음 단어를 외치면 재빨리 해당하는 양말을 신어 보세요.
하나님! (하늘색 또는 파란색 양말 신기)   예수님! (빨간색 양말 신기)
생명! (초록색 양말 신기)   자녀! (노란색 양말 신기)

❷ 왜 바울은 로마에 복음을 전했을까요?

로마는 예수님을 십자가에 매달아 죽인 핵심 세력입니다.

그런데도 예수님은 로마 사람들에게 복음이 전해지기를 간절히 원하셨습니다.

바울은 로마에 있는 감옥에 갇혀 있으면서, 찾아오는 사람들에게 복음을 전했습니다.

"하나님이 여러분을 창조하셨습니다!"

"예수님이 여러분을 대신해서 십자가에 못 박혀 죽었습니다!"

"예수님을 믿으면 영원한 생명을 얻습니다!"

"예수님을 믿으면 하나님의 자녀가 됩니다!"

Play 복음색깔 양말 공을 상대방의 앞치마 안에 던지며, 복음을 큰소리로 전합니다.
양말 색깔에 해당하는 복음 단어를 외칩니다.

복음색깔 양말을 둥글게 뭉쳐 공을 만듭니다. 양말 공을 받는 사람은 상의의 긴팔 소매를 허리에 묶어서 앞치마 모양이 되게 한 후, 양말 공을 받습니다.

 예수님을 믿는 사람에게 구원을 주는 복음을 전해 봅시다.

(하늘색 공을 던지며) 하나님! (빨간색 공을 던지며) 예수님!
(초록색 공을 던지며) 생명! (노란색 공을 던지며) 자녀!

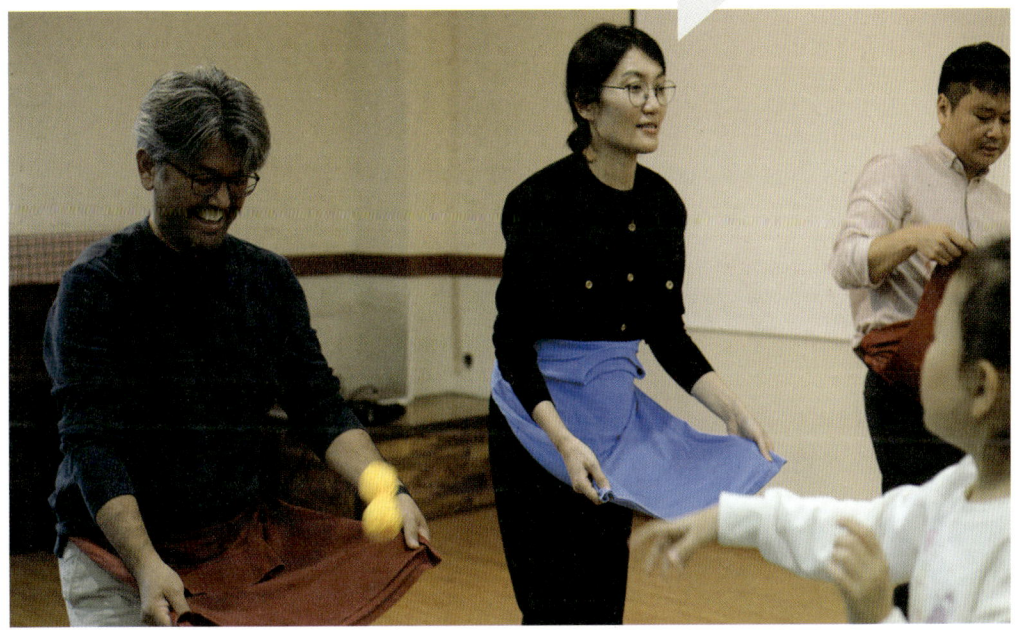

기도 하나님, 예수님을 믿는 자에게 구원을 주시는 하나님의 능력을 믿습니다. 우리가 만나는 모든 사람에게 복음을 전하고자 하는 열정과 용기와 능력을 주세요. 예수님의 이름으로 기도합니다. 아멘.

PART 3

신앙교육을 활성화시키는
복음놀이 리부트
스타트

펜

우리는 죄로 더러워진 채 태어났습니다.
다양한 색상과 여러 종류의 펜으로 표현한 그림은
죄로 물든 마음의 상태를 드러냅니다.
직선, 곡선, 점 등으로 우리 마음속의 죄를 직관적으로 표현할 수 있습니다.
펜을 이용해 마음을 표현하다 보면
죄가 얼마나 심각한지 경험하게 됩니다.

그러므로 한 사람으로 말미암아 죄가 세상에 들어오고 죄로 말미암아 사망이 들어왔나니
이와 같이 모든 사람이 죄를 지었으므로 사망이 모든 사람에게 이르렀느니라
_로마서 5장 12절

09 우리는 모두 죄인이다

창세기 3장 1-6절

준비물 | 초콜릿 펜, 종이, 포스트잇
재료가 없다면 | 초콜릿 펜 대신 초콜릿

주제찬양

말씀터

- 그런데 뱀은 여호와 하나님이 지으신 들짐승 중에 가장 간교하니라. 뱀이 여자에게 물어 이르되 하나님이 참으로 너희에게 동산 모든 나무의 열매를 먹지 말라 하시더냐
- 여자가 뱀에게 말하되 동산 나무의 열매를 우리가 먹을 수 있으나
- 동산 중앙에 있는 나무의 열매는 하나님의 말씀에 너희는 먹지도 말고 만지지도 말라 너희가 죽을까 하노라 하셨느니라
- 뱀이 여자에게 이르되 너희가 결코 죽지 아니하리라
- 너희가 그것을 먹는 날에는 너희 눈이 밝아져 하나님과 같이 되어 선악을 알 줄 하나님이 아심이니라
- 여자가 그 나무를 본즉 먹음직도 하고 보암직도 하고 지혜롭게 할 만큼 탐스럽기도 한 나무인지라 여자가 그 열매를 따먹고 자기와 함께 있는 남편에게도 주매 그도 먹은지라

복음놀이터

① 초콜릿과 죄는 많이 닮았습니다. 어떤 점이 닮았을까요?

진행팁: 종이에 초콜릿 펜을 이용해 선악을 알게 하는 나무를 그리며 성경 스토리를 전합니다.

하나님은 에덴동산에서 아담에게 중요한 규칙을 주셨습니다.

"동산의 모든 나무의 열매는 자유롭게 먹어도 된다. 그러나 선악을 알게 하는 나무의 열매는 먹지 말라. 네가 먹는 날에는 반드시 죽을 것이다!"

뱀은 하와에게 선악을 알게 하는 나무의 열매를 먹으면 눈이 밝아져서,
하나님처럼 된다고 하였습니다.
결국 하와는 아담과 함께 하나님이 먹지 말라고 하신 열매를 먹었습니다.
그 순간, 아담과 하와를 감싸고 있던 하나님의 형상이 죄로 인하여 망가졌습니다.

Play 초콜릿의 향과 맛, 촉감 등을 다양하게 경험한 후에, 초콜릿과 죄의 닮은 점을 돌아가면서 이야기합니다.

> 초콜릿은 죄와 어떤 점이 닮았을까요?
> 초콜릿의 냄새를 맡아보고, 손가락에 묻혀보고, 맛보면서 다양하게 탐색해 보세요.

❷ 자꾸 먹고 싶은 초콜릿처럼, 나의 마음에 자꾸 들어오는 죄는 무엇이 있을까요?

아담과 하와가 자녀를 낳자, 자녀도 죄를 가지고 태어났습니다.
모든 사람이 태어날 때부터 죄를 갖고 태어나며, 죄의 본성대로 살게 되었습니다.
분명한 사실은, 죄가 있으면 절대로 하나님이 우리와 함께 할 수 없다는 사실입니다.

죄는 가만히 두면 나의 몸과 영혼을 적극적으로 더럽힙니다.

죄는 적극적으로 맞서 싸우고 물리쳐야 합니다.

 초콜릿 펜을 이용해 포스트잇에 자신의 죄를 모두 적어봅니다.

자꾸 먹고 싶은 초콜릿처럼, 나의 마음에 자꾸 들어오는 죄는 무엇입니까?
나의 죄가 무엇인지 초콜릿 펜으로 적어 보세요.

진행 팁 죄를 적은 포스트잇을 완성하면, 모든 사람이 쓴 포스트잇을 길게 이어 붙입니다. 죄의 전염성과 발육성이 얼마나 강력한지 경험할 수 있습니다.

기도 하나님, 우리에게 죄가 있습니다. 우리를 달콤하게 유혹하는 죄에 대해 민감하게 반응하며, 예수님의 능력으로 물리치는 가정이 되게 해주세요. 예수님의 이름으로 기도합니다. 아멘.

10 하나님의 은혜로 의롭게 되다

로마서 3장 23-24절

준비물 | 초콜릿 펜, 상자, 포스트잇
재료가 없다면 | 초콜릿 펜 대신 검은색 펜

주제찬양

말씀터

- 모든 사람이 죄를 범하였으매 하나님의 영광에 이르지 못하더니
- 그리스도 예수 안에 있는 속량으로 말미암아 하나님의 은혜로 값 없이 의롭다 하심을 얻은 자 되었느니라

복음놀이터

❶ 우리의 죄를 깨끗하게 없앨 수 있는 것은 무엇일까요?

진행팁
십자가 상자를 미리 만들어 준비합니다. 상자의 네 옆면을 모두 수직으로 잘라, 펼쳤을 때 십자가 모양이 되도록 합니다. 다시 옆면을 원래대로 세워서 상자 모양이 되도록 테이프로 붙입니다. 사람들 가운데 상자를 놓고 진행합니다. 이 상자가 십자가인지는 미리 공개하지 않습니다.

우리는 모두 죄를 갖고 태어났습니다.

죄를 짓는 말과 행동을 하지 않더라도, 우리 존재 자체로 죄인입니다.

죄를 그대로 가지고 있으면 절대로 하나님을 기쁘시게 할 수 없습니다.

하나님은 우리를 사랑하셔서 우리의 죄를 완벽하게 없애줄 특별한 것을 준비하셨습니다.

이 상자는 우리의 죄를 없애줄 하나님의 특별한 선물입니다.

Play 초콜릿 펜을 이용해 포스트잇에 나의 죄를 글이나 그림으로 표현합니다.
죄를 적은 포스트잇을 십자가 상자 안에 붙입니다.

Talk 죄를 버릴 수 있는 유일한 곳은 바로 하나님이 준비해주신 특별한 상자입니다.
상자 안에 죄를 적은 포스트잇을 붙여 보세요.

❷ **우리의 모든 죄를 없앨 수 있는 특별한 상자는 무엇일까요?**

(십자가 상자를 펼쳐 보여주며) 우리 죄를 모두 없앨 수 있는 것은 바로 십자가입니다.

십자가에 달려 벌을 받으신 분은, 악한 죄를 지은 우리가 아니라 예수님입니다.

군인들은 예수님을 붙잡아 끌고 가서 예수님의 손과 발에 커다란 못을 박았습니다.

그들은 골고다 언덕 위에 십자가를 세우고 예수님을 매달았습니다.

예수님은 아무 죄가 없지만, 십자가에 달려 피를 흘렸습니다.

예수님의 피로 모든 죄가 단번에 씻어졌습니다.

예수님은 마지막에 "모든 것을 다 이루었다!"라고 말씀하시며 숨을 거두셨습니다.

Play 한 사람씩 돌아가면서 십자가를 붙잡고 기도합니다.

Talk

예수님이 십자가에 흘린 보혈로 우리의 죄가 깨끗해집니다.

이 사실을 믿고, 하나님께 간절히 기도합시다.

"하나님, 우리는 죄인입니다. 예수님의 피로 우리의 모든 죄를 깨끗하게 해주세요.
예수님 이름으로 기도합니다. 아멘."

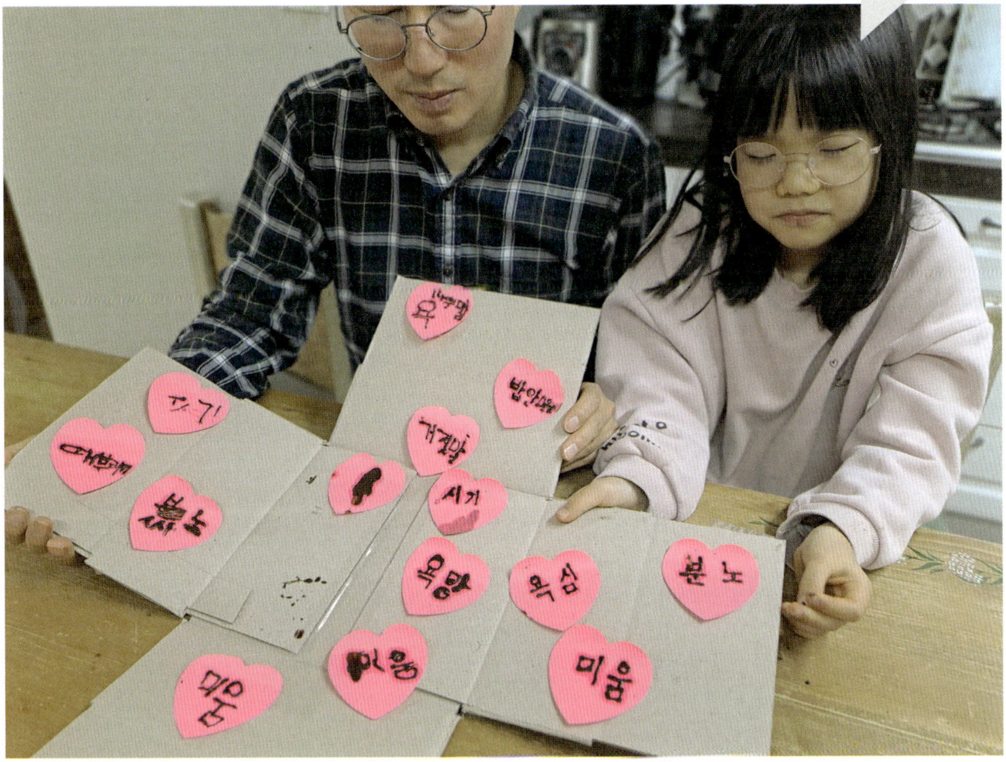

기도 하나님, 우리를 사랑해주셔서 감사합니다. 우리를 위해 예수님을 보내주셔서 감사합니다. 예수님의 십자가 사랑을 날마다 기억하며 그 은혜에 감사하는 가정이 되게 해주세요. 예수님의 이름으로 기도합니다. 아멘.

11 십자가는 사랑이다

요한복음 3장 16-17절

준비물 | 초콜릿 펜, 비스킷, 하트 모양 스프링클
재료가 없다면 | 하트 모양 스프링클 대신 빨간색 토핑 재료

주제찬양

말씀터

- 하나님이 세상을 이처럼 사랑하사 독생자를 주셨으니 이는 그를 믿는 자마다 멸망하지 않고 영생을 얻게 하려 하심이라
- 하나님이 그 아들을 세상에 보내신 것은 세상을 심판하려 하심이 아니요 그로 말미암아 세상이 구원을 받게 하려 하심이라

복음놀이터

❶ 예수님은 왜 십자가의 벌을 받으셨을까요?

하나님의 아들 예수님은 아무 죄가 없는 분입니다.

예수님은 가장 흉악한 죄를 지은 죄인들을 벌하는 나무 십자가에 달리셨습니다.

군인들은 예수님을 죄인으로 여기며, 붙잡아 끌고 가서 때리고 조롱하였습니다.

그들은 예수님의 손과 발에 못을 박아 십자가에 매달았습니다.

Play 비스킷으로 십자가 모양을 만든 후에, 초콜릿 펜을 이용해서 죄를 표현합니다.

> 예수님은 나의 모든 더럽고 부끄러운 죄를 대신해서 십자가에 달리셨습니다.
> 비스킷으로 나무 십자가를 만들고, 그 위에 초콜릿 펜으로 죄를 표현해 보세요.

❷ 예수님은 나의 죄를 깨끗하게 하기 위해 어떤 일을 하셨나요?

하나님은 나를 사랑하셔서 하나뿐인 아들 예수님을 내어 주셨습니다.

예수님은 더럽고 부끄러운 죄를 가진 나를 대신하여 십자가에 달렸습니다.

죄가 없는 예수님은 온갖 핍박과 고문을 받으시고 십자가에 달려 피 흘렸습니다.

예수님이 십자가에서 흘린 피는 나의 모든 죄를 깨끗하게 합니다.

예수님의 십자가는 나를 향한 사랑이며, 나를 새롭게 하는 생명입니다.

Play 초콜릿으로 표현한 죄 위에 붉은색의 하트 스프링클을 뿌리며, 예수님의 십자가가 사랑인 것을 표현합니다.

예수님의 보혈은 우리의 모든 죄를 덮어주시는 사랑입니다.
하트 스프링클을 초콜릿 위에 뿌려 보세요.

기도 하나님, 독생자 예수님을 내어 주신 사랑에 감사드립니다. 하나님의 크고 놀라운 사랑에 날마다 감격하며, 그 은혜에 날마다 감사하는 가정이 되게 해주세요. 예수님의 이름으로 기도합니다. 아멘.

 **12 경건한 가정을 구원하다** 창세기 6장 5-8절

준비물 | 다양한 색상의 수성펜, 큰 사이즈 비닐, 분무기, 물, 투명 페트병, 색종이

주제찬양

말씀터

- 여호와께서 사람의 죄악이 세상에 가득함과 그의 마음으로 생각하는 모든 계획이 항상 악할 뿐임을 보시고
- 땅 위에 사람 지으셨음을 한탄하사 마음에 근심하시고
- 이르시되 내가 창조한 사람을 내가 지면에서 쓸어버리되 사람으로부터 가축과 기는 것과 공중의 새까지 그리하리니 이는 내가 그것들을 지었음을 한탄함이니라 하시니라
- 그러나 노아는 여호와께 은혜를 입었더라

복음놀이터

❶ 하나님은 죄가 가득한 사람들을 보시고 어떤 생각을 하셨을까요?

이 세상 처음, 하나님이 만드신 세상은 죄가 없이 깨끗했습니다.

아담과 하와는 하나님과 늘 함께하고, 하나님의 말씀을 들으며 살았습니다.

하지만 죄가 들어오게 되자, 사람들은 하나님을 떠났습니다.

온 세상에 미움과 화, 그리고 슬픔과 무서움이 가득해졌습니다.

사람들은 서로 미워하고, 무섭게 화를 냈으며, 날마다 슬퍼하고 두려워했습니다.

Play 모두 둥글게 모여 앉은 후, 가운데에 커다란 비닐봉지를 항아리 모양처럼 만들어 세웁니다. 비닐봉지 안쪽에 다양한 색의 수성펜으로 미움과 화, 슬픔과 무서움을 표현합니다. 죄를 구체적인 모습으로 그리지 않고, 추상적인 형태로 다양하게 표현합니다.

진행 팁

대그룹으로 진행할 경우, 여러 개의 비닐을 이어 붙여 대형 비닐로 만든 후 바닥에 펼쳐서 사용할 수 있습니다.

Talk

죄는 어떤 색깔일까요? 어떤 모양일까요? 펜을 이용해서 자유롭게 표현해 보세요.

화가 나는 마음, 슬픈마음, 미움, 두려움은 어떤 색깔일까요?
동글동글, 뾰족뾰족, 점점점, 꼬불꼬불, 어떤 모양일까요?

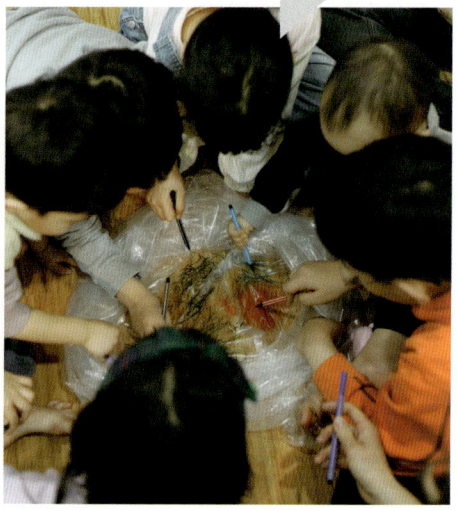

❷ 방주 안에 있는 노아와 가족들은 홍수 심판 속에서 어떤 모습이었을까요?

하나님은 타락한 세상으로부터 경건한 가정을 먼저 보호하셨습니다.

드디어 하늘에 구멍이 열린 듯 세찬 비가 쏟아졌습니다.

온 세상이 물로 가득 차더니, 집과 나무와 사람들이 모두 물속으로 사라졌습니다.

노아와 가족이 탄 방주는 하나님이 꼭 붙잡고 직접 운전하시니 안전했습니다.

Play 분무기, 물조리개, 그릇 등을 이용하여 죄로 더럽혀진 비닐 안에 물을 붓습니다. 물을 뿌리거나 부으며 "없어져라!" 하고 외칩니다. 물이 비닐 안에 적당히 채워지면 노아의 방주가 어떻게 보호되고 있는지 관찰합니다.

진행팁 물을 뿌리기 전에 종이배를 접어 투명캡슐이나 작은 비닐봉지에 넣은 후, 죄의 비닐 안에 넣습니다.

Talk 죄는 모두 사라져야 합니다. 물을 뿌려서 모든 죄를 씻어 보세요.

미워하는 마음은 모두 없어져라!
슬퍼하는 마음은 모두 없어져라!
무서운 마음은 모두 없어져라!
화내는 마음은 모두 없어져라!

기도 하나님, 타락한 세상에서 하나님의 자녀를 보호하시는 하나님의 사랑을 느낍니다. 죄 가득한 세상에서 끝까지 믿음을 지키며 하나님의 품 안에 거하는 경건한 가정이 되게 해주세요. 예수님의 이름으로 기도합니다. 아멘.

PART 3

신앙교육을 활성화시키는
복음놀이 리부트
스타트

종이

우리는 힘이 없고 약한 죄인입니다.
습자지와 같이 반투명인 얇고 가벼운 종이는
죄로 물든 우리의 '연약함'과 닮았습니다.
종이의 두께와 질감에 따라서 복음을 다채롭게 경험할 수 있습니다.
다양한 종이를 이용해서 놀이하다 보면
진심 어린 회개의 자리로 나아가게 됩니다.

만일 우리가 그리스도와 함께 죽었으면 또한 그와 함께 살 줄을 믿노니 이는 그리스도께서 죽은 자 가운데서 살아나셨으매 다시 죽지 아니하시고 사망이 다시 그를 주장하지 못할 줄을 앎이로라 _로마서 6:8-9

13 모든 사람에게 죄가 있다

로마서 3장 23-25절

준비물 | 검은색 습자지, 흰색 종이, 분무기

주제찬양

말씀터

- 모든 사람이 죄를 범하였으매 하나님의 영광에 이르지 못하더니
- 그리스도 예수 안에 있는 속량으로 말미암아 하나님의 은혜로 값없이 의롭다 하심을 얻은 자 되었느니라
- 이 예수를 하나님이 그의 피로써 믿음으로 말미암는 화목제물로 세우셨으니 이는 하나님께서 길이 참으시는 중에 전에 지은 죄를 간과하심으로 자기의 의로우심을 나타내려 하심이니

복음놀이터

① 나에게는 어떤 죄가 숨어 있을까요?

우리는 모두 죄를 가지고 태어났습니다.

아담과 하와가 지은 죄는 모든 사람에게 유전되었습니다.

내가 나쁜 행동을 했든, 하지 않았든, 우리에게는 모두 죄가 있습니다.

죄가 있으면 절대로 하나님을 기쁘시게 할 수 없습니다.

죄가 있으면 결코 하나님의 영광에 이르지 못합니다.

Play 내가 반복해서 짓는 죄에는 무엇이 있는지 이야기합니다.

죄를 고백한 후, "없어져라!" 하고 외치며 검은색 습자지를 위로부터 아래로 찢습니다.

나에게 있는 모든 죄가 힘을 발휘하지 못하도록 찢어 봅시다.

죄가 없어져라! 죄가 없어져라! 죄가 없어져라!

❷ **죄는 나의 몸과 마음을 어떻게 오염시킬까요?**

죄는 나의 몸과 마음을 더럽힙니다.

죄는 하나님을 일상에서 떠올리지 못하게 만듭니다.

죄는 하나님을 향한 의심과 원망이 가득하게 만듭니다.

죄는 사랑하는 가족과 이웃을 미워하고 싸우게 만듭니다.

죄를 가만히 두면, 죄는 계속해서 나를 더럽히고, 하나님에게서 멀어지게 만듭니다.

Play 찢은 습자지를 도화지 위에 올려놓으며, 죄의 다양한 모양을 표현합니다. 모두 표현한 후에 분무기를 뿌립니다. 흰색 종이에 검은색의 얼룩이 묻어 오염되는 것을 확인할 수 있습니다.

Talk 나에게 죄가 들어오면 나의 몸과 마음이 어떻게 될까요?
검은색 습자지에 물을 뿌리면서, 흰색 종이가 어떻게 달라지는지 관찰해 보세요.

기도 하나님, 우리는 모두 죄인입니다. 작은 죄에도 민감하여, 하나님께 날마다 죄를 회개하는 가정이 되게 해주세요. 예수님의 이름으로 기도합니다. 아멘.

 **14** 모든 죄에서 깨끗함을 받다 요한일서 1장 7-9절

준비물 | 검은색 습자지, 상자, 빨간색 습자지 또는 빨간색 색종이
재료가 없다면 | 검은색 습자지 대신 신문지 또는 이면지

주제찬양

말씀터

- 그가 빛 가운데 계신 것 같이 우리도 빛 가운데 행하면 우리가 서로 사귐이 있고 그 아들 예수의 피가 우리를 모든 죄에서 깨끗하게 하실 것이요
- 만일 우리가 죄가 없다고 말하면 스스로 속이고 또 진리가 우리 속에 있지 아니할 것이요
- 만일 우리가 우리 죄를 자백하면 그는 미쁘시고 의로우사 우리 죄를 사하시며 우리를 모든 불의에서 깨끗하게 하실 것이요

복음놀이터

① 죄를 멈출 수 있는 것은 무엇일까요?

죄는 우리를 죽음으로 인도합니다.

우리 안에 심어진 죄는 가만히 있거나 사라지지 않고, 강력한 힘을 발휘하며 자랍니다.

마치 작은 씨앗이 땅속에서 자라 크고 울창한 나무가 되는 것처럼,

죄 또한 우리 안에서 점점 크게 자라 죽음의 열매를 맺습니다.

 죄를 상징하는 검은색 습자지에 자신의 죄를 적은 후에, 위로부터 아래로 찢습니다.

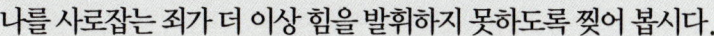

나에게 있는 부끄러운 죄를 종이 위에 모두 적어 봅시다.
나를 사로잡는 죄가 더 이상 힘을 발휘하지 못하도록 찢어 봅시다.
　죄가 없어져라! 죄가 없어져라! 죄가 없어져라!

❷ 나의 몸과 마음에서 완전히 떠나야 하는 죄는 무엇인가요?

죄를 멈출 수 있는 것은 예수님의 피 밖에 없습니다.

예수님이 오시면, 죄는 어떤 힘도 발휘할 수 없습니다.

예수님을 믿으면, 예수님의 피가 나의 모든 죄를 깨끗하게 물리칩니다.

죄는 더 이상 나의 주인이 되어 나를 죽음으로 인도하지 못합니다.

예수님만이 나의 죄를 없애고, 우리를 영원한 생명으로 인도할 수 있습니다.

Play 종이상자를 십자가 모양으로 펼친 후에, 그 위에 길게 찢은 죄의 습자지를 올립니다.
다음으로 예수님의 피를 상징하는 빨간색 습자지를 죄의 습자지 위에 덮습니다.

> 예수님의 피는 우리를 모든 죄에서 깨끗하게 합니다.
> 빨간색 종이로 모든 더러운 죄를 덮어 봅시다.

종이

| 기도 | 하나님, 예수님 보혈의 능력으로 나를 다스렸던 모든 죄의 권세가 사라졌음을 믿습니다. 날마다 예수님의 이름으로 죄에 대해 맞서 싸우며 죄를 다스리는 가정이 되게 해주세요. 예수님의 이름으로 기도합니다. 아멘. |

15 예수님의 피로 하나님의 자녀가 되다 에베소서 2장 12-14절

준비물 | 소포지 2장, 검은색 습자지, 빨간색 마스킹 테이프
재료가 없다면 | 검은색 습자지 대신 신문지

주제찬양

말씀터

- 그 때에 너희는 그리스도 밖에 있었고 이스라엘 나라 밖의 사람이라 약속의 언약들에 대하여는 외인이요 세상에서 소망이 없고 하나님도 없는 자이더니
- 이제는 전에 멀리 있던 너희가 그리스도 예수 안에서 그리스도의 피로 가까워졌느니라
- 그는 우리의 화평이신지라 둘로 하나를 만드사 원수 된 것 곧 중간에 막힌 담을 자기 육체로 허시고

복음놀이터

❶ 다른 사람에게 절대로 보여줄 수 없는 죄를 가지고 있나요?

나무 십자가는 세상에서 가장 추악하고 더러운 죄를 심판하는 곳입니다.

다른 사람에게 보여줄 수 없는 부끄러운 죄, 더러운 죄는 모두 십자가로 가야 합니다.

추악하고 더러운 죄가 가득한 십자가를 향해 그 누구도 가까이 오지 않습니다.

모든 사람이 죄인인 나를 비난하며, 뒤돌아서 피해 갑니다.

그런데 예수님은 죄 가득한 십자가에 오셔서, 나를 대신하여 피 흘려 주십니다.

Play 찢어놓은 검은색 습자지를 나무 십자가를 상징하는 소포지 두 장 위에 모두 올리고, 소포지를 말아 죄의 습자지를 감싸면서 긴 기둥 모양으로 말아 봅니다. 두 개의 기둥을 교차하여 십자가를 만든 후, 빨간색 테이프로 붙입니다.

> 십자가에 우리의 모든 더러운 죄를 올려 봅시다.
> 예수님의 십자가는 나의 모든 죄를 감싸 줍니다.

❷ **나를 대신해서 십자가에 달리신 예수님께 어떤 말로 감사할 수 있을까요?**

예수님은 우리의 죄를 모두 없애기 위해 십자가에 오셨습니다.

예수님은 우리가 다시는 하나님의 원수가 되지 않게 하려고,

죄인인 나와 함께 십자가에서 돌아가셨습니다.

우리는 예수님의 피로 하나님의 자녀가 되었습니다.

Play 한 사람씩 돌아가면서, 완성된 십자가를 붙잡고 걸어 봅니다.

　십자가를 붙잡고 걸으면서 하나님께 감사의 기도를 드립니다.

십자가는 하나님이 나에게 주신 사랑의 선물입니다.
십자가를 들고 천천히 걸으며 하나님께 감사해 봅시다.

기도 하나님, 예수님의 십자가 죽음과 부활이 우리 가정의 모든 원동력이 되게 해주세요. 오늘도 죄에 대해서는 죽은 자로 살며, 하나님에 대해서는 살아있는 가정이 되게 해주세요. 예수님의 이름으로 기도합니다. 아멘.

16 예수님이 다시 살아나셨다

마태복음 28장 1-6절

준비물 | 소포지, 의자

재료가 없다면 | 소포지 대신 얇은 이불 또는 보자기

주제찬양

말씀터

- 안식일이 다 지나고 안식 후 첫날이 되려는 새벽에 막달라 마리아와 다른 마리아가 무덤을 보려고 갔더니
- 큰 지진이 나며 주의 천사가 하늘로부터 내려와 돌을 굴려 내고 그 위에 앉았는데
- 그 형상이 번개 같고 그 옷은 눈 같이 희거늘
- 지키던 자들이 그를 무서워하여 떨며 죽은 사람과 같이 되었더라
- 천사가 여자들에게 말하여 이르되 너희는 무서워하지 말라 십자가에 못 박히신 예수를 너희가 찾는 줄을 내가 아노라
- 그가 여기 계시지 않고 그가 말씀 하시던 대로 살아나셨느니라 와서 그가 누우셨던 곳을 보라

복음놀이터

❶ 무덤 안에 있어야 할 예수님의 시신은 왜 사라졌을까요?

예수님을 사랑하는 니고데모와 요셉은, 예수님의 시신을 무덤으로 옮겼습니다.

무덤 앞에는 로마 군사들이 예수님의 시신을 훔쳐 가지 못하도록 지키고 있었습니다.

예수님이 돌아가신 지 3일 후 새벽에, 여인들이 예수님의 시신에 넣을 향료를 들고 무덤을 찾았습니다.

무덤에 도착한 여인들은 깜짝 놀랐습니다.

무덤을 막고 있던 커다란 돌이 굴려져 있었고, 예수님의 시신이 사라졌습니다.

Play 의자 두 개를 적당한 간격을 두고 나란히 놓은 다음, 그 위에 소포지를 덮어 무덤을 만듭니다. 소포지를 많이 구길수록 입체감 있는 돌무덤의 모습이 됩니다.

예수님의 무덤은 어떤 모습일까요?
소포지를 이용해 예수님의 무덤을 만들어 봅시다. **Talk**

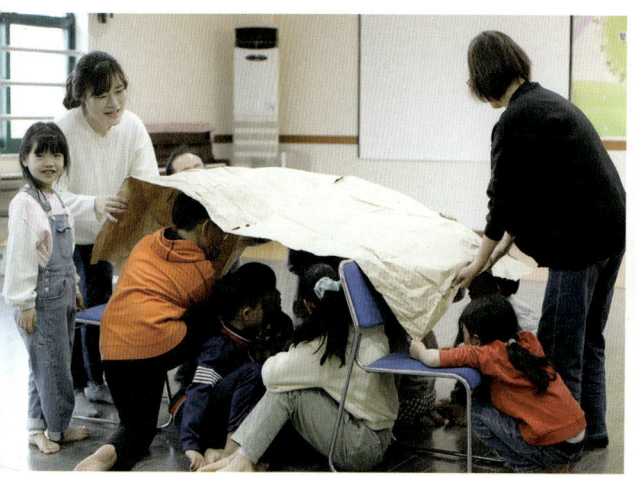 

❷ **내가 만약 무덤을 찾은 여인들이었다면, 부활하신 예수님께 어떤 말을 했을까요?**

예수님은 죄와 죽음을 이기고 멋지게 살아나셨습니다.

천사는 예수님이 다시 살아나신 기쁜 소식을 전해주었습니다.

여인들은 3일 전에 예수님이 십자가에서 피 흘리며 죽어 있는 것을 생생히 보았는데,

이제는 새로운 몸을 입고 다시 살아나신 예수님을 보게 되었습니다.

Play 〈무궁화꽃이 피었습니다〉 놀이를 응용한 놀이입니다. 무덤 역할을 맡은 두 사람은 소포지를 든 채 놀이에 참여합니다. 술래가 "무덤꽃이 피었습니다!"라고 말하며 뒤돌아보면, 재빨리 무덤 안으로 들어와 멈추어 섭니다. 술래가 "부활꽃이 피었습니다!"라고 말하며 뒤돌아보면, 재빨리 무덤 밖으로 나와 멈추어 섭니다.

〈부활꽃이 피었습니다〉놀이를 해 봅시다.

무덤꽃이 피었습니다! 부활꽃이 피었습니다!

기도 하나님, 예수님이 십자가에서 죽으시고 3일 후에 다시 살아나신 것을 믿습니다. 예수님이 부활하셔서 우리와 영원히 함께하신다는 사실을 굳게 믿는 가정이 되게 해주세요. 예수님의 이름으로 기도합니다. 아멘.

17 부활은 기쁜 소식이다

로마서 6장 8-11절

준비물 | 소포지
재료가 없다면 | 소포지 대신 얇은 이불 또는 보자기

주제찬양

말씀터

- 만일 우리가 그리스도와 함께 죽었으면 또한 그와 함께 살 줄을 믿노니
- 이는 그리스도께서 죽은 자 가운데서 살아나셨으매 다시 죽지 아니하시고 사망이 다시 그를 주장하지 못할 줄을 앎이로라
- 그가 죽으심은 죄에 대하여 단번에 죽으심이요 그가 살아 계심은 하나님께 대하여 살아 계심이니
- 이와 같이 너희도 너희 자신을 죄에 대하여는 죽은 자요 그리스도 예수 안에서 하나님께 대하여는 살아 있는 자로 여길지어다

복음놀이터

❶ 예수님을 믿으면 나에게 어떤 일이 일어날까요?

예수님이 돌아가신 지 3일 후가 되는 새벽에, 무덤에 도착한 여인들은 깜짝 놀랐습니다. 무덤을 막고 있던 커다란 돌이 굴려져 있고, 예수님의 시신이 사라졌습니다. 천사는 예수님이 다시 살아나신 기쁜 소식을 전해주었습니다.
예수님을 믿으면, 수천 년 전 십자가에서 죽으시고 다시 살아나신 예수님과 내가 연합하게 됩니다.
예수님이 십자가에 죽을 때, 나의 죄사람이 함께 죽습니다.
예수님이 무덤에서 다시 살아나실 때, 나도 새사람이 되어 함께 살아납니다.

Play 〈여우야 여우야 뭐하니〉 놀이를 응용한 놀이입니다. 모든 사람이 모여 앉은 후, 소포지를 덮어서 무덤을 만듭니다. 소포지를 많이 구길수록 입체감 있는 돌무덤의 모습이 됩니다. 무덤 안에 앉아서 챈트를 주고받으며 노래합니다. 술래가 마지막에 "살았다!"라고 하면, 모든 사람이 밖으로 나오고, 술래는 도망치는 사람 중 한 사람을 잡아서 "살았네!"라고 말하며 안아 줍니다.

Talk 챈트를 부르다가 마지막에 "살았다!"라고 외치면 모두 무덤 밖으로 뛰어나가 주세요.

"○○야, ○○야! 뭐하니?" (무덤 왔다~)
"누구 무덤?" (예수님 무덤~)
"살았니? 죽었니?" (살았다!)

❷ 예수님의 부활은 나에게 왜 기쁜 소식일까요?

예수님은 죄와 죽음을 이기고 무덤 밖으로 나오셨습니다.

우리도 예수님과 함께 죄와 죽음을 이기고 무덤 밖으로 나왔습니다.

이제 우리는 죄에 대해 죽고, 하나님에 대해 살아있는 사람이 되었습니다.

이제 우리는 죄의 종이 아니라, 하나님의 자녀가 되었습니다.

Play 〈동동동대문을 열어라〉놀이를 응용한 놀이입니다. 두 사람이 소포지를 반으로 접은 후 양 끝을 잡고 세웁니다. 다 함께 노래를 부르며, 소포지를 점프하여 지나갑니다. "3일 후가 되면은 문이 열린다!"라고 부른 후, 소포지를 위로 올립니다. 모든 사람은 소포지 아래로 "예수님이 부활하셨다!"라고 외치며 지나갑니다.

Talk 무덤을 통과하며 예수님의 부활 소식을 전해 봅시다.
♪ 무무 무덤문을 열어라! 무무 무덤문을 열어라! 3일 후가 되면은 문이 열린다!

기도 하나님, 예수님이 십자가에 죽으시고 다시 살아나신 것을 믿습니다. 죄와 사망의 권세를 이기고 다시 살아나신 부활의 생명이 우리 가정의 일상에 날마다 역사하게 해주세요. 예수님의 이름으로 기도합니다. 아멘.

18 하나님 자녀의 권세를 얻다

요한복음 1장 9-12절

준비물 | 복음색깔 색종이(하늘색, 빨간색, 초록색 노란색)

주제찬양

말씀터

- 참 빛 곧 세상에 와서 각 사람에게 비추는 빛이 있었나니
- 그가 세상에 계셨으며 세상은 그로 말미암아 지은 바 되었으되 세상이 그를 알지 못하였고
- 자기 땅에 오매 자기 백성이 영접하지 아니하였으나
- 영접하는 자 곧 그 이름을 믿는 자들에게는 하나님의 자녀가 되는 권세를 주셨으니

복음놀이터

① 예수님을 영접하면 어떤 변화가 일어날까요?

예수님을 마음에 모시면 완전히 새롭게 태어납니다.

예전에는 죄가 우리의 왕이었지만, 이제 예수님의 다스림을 받게 됩니다.

왕이신 예수님을 믿으면 하나님의 자녀가 됩니다.

하나님의 자녀에게는 특별한 권세가 주어집니다.

Play 하늘색, 빨간색, 초록색, 노란색 색종이를 이용해서 복음왕관을 만듭니다. 머리 사이즈에 따라 색종이 개수를 조절합니다. 왕관을 접으며 색종이 색깔에 해당하는 복음을 서로 이야기합니다.

하나님의 자녀가 되면 어떻게 달라질까요?

- **하늘색**: 하나님의 크고 놀라운 사랑을 받는 하나님의 사람이 됩니다.
  하나님이 세상을 이처럼 사랑하사 독생자를 주셨으니 이는 그를 믿는 자마다 멸망하지 않고 영생을 얻게 하려 하심이라 (요한복음 3장 16절)

- 빨간색: 모든 더러운 죄가 깨끗함을 받는 예수님의 사람이 됩니다.
  그 아들 예수의 피가 우리를 모든 죄에서 깨끗하게 하실 것이요 (요한일서 1장 7절)
- 초록색: 죄와 싸워 이길 수 있는 부활 생명을 받는 생명의 사람이 됩니다.
  아들이 있는 자에게는 생명이 있고, 하나님의 아들이 없는 자에게는 생명이 없느니라 (요한일서 5장 12절)
- 노란색: 하나님이 영원히 함께하시는 하나님의 자녀가 됩니다.
  영접하는 자 곧 그 이름을 믿는 자들에게는 하나님의 자녀가 되는 권세를 주셨으니 (요한복음 1장 12절)

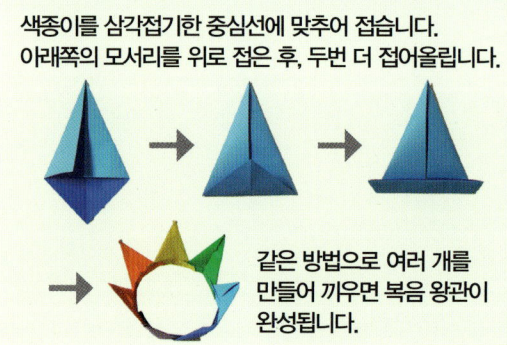

색종이를 삼각접기한 중심선에 맞추어 접습니다. 아래쪽의 모서리를 위로 접은 후, 두번 더 접어올립니다.

같은 방법으로 여러 개를 만들어 끼우면 복음 왕관이 완성됩니다.

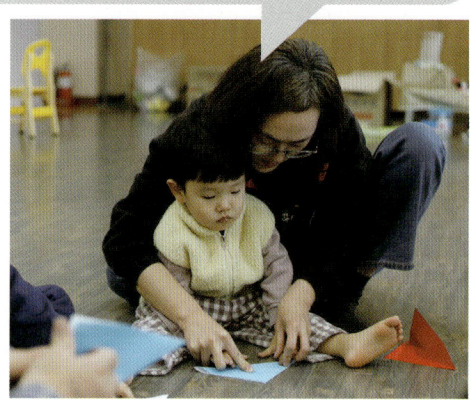

❷ **참 빛이신 예수 그리스도를 받아들인 후, 나에게 어떤 변화가 나타났나요?**

하나님은 이 세상 모든 어둠을 물러나게 할 참된 빛을 보내주셨습니다.

그 빛은 바로 하나님의 아들 예수 그리스도입니다.

예수 그리스도의 빛을 받은 사람들은 완전히 달라집니다.

예수 그리스도의 빛을 받은 사람들은 하나님의 자녀가 되는 특권을 선물로 받습니다.

Play 모든 사람이 복음 왕관을 쓰고 둥글게 서서 찬양에 맞추어 다양하게 움직입니다. 오른쪽으로 돌기, 왼쪽으로 돌기, 안쪽으로 모이기, 바깥쪽으로 물러서기 등의 지령에 맞추어 신나게 춤을 춥니다. 비닐봉지를 신고 춤을 추면 훨씬 더 재미있는 활동이 됩니다.

| 기도 | 하나님, 우리에게 부활 생명 주셔서 감사합니다. 날마다 죄의 종이 아닌, 영광스러운 하나님의 자녀로 살아가는 가정이 되게 해주세요. 예수님의 이름으로 기도합니다. 아멘.

PART 3
신앙교육을 활성화시키는
복음놀이 리부트 스타트

풍선

하나님은 우리에게 성령님을 선물로 주셨습니다.
하늘 위에서 살포시 내려오는 풍선은 우리에게 임하시는 성령님을 닮았습니다.
다양한 크기와 색상의 풍선을 던지고 받으며
복음의 능력을 경험할 수 있습니다.
복음색깔의 풍선을 주고받고 전달하다 보면
복음을 향한 사명을 확인하게 됩니다.

오직 성령이 너희에게 임하시면 너희가 권능을 받고 예루살렘과 온 유대와 사마리아와
땅 끝까지 이르러 내 증인이 되리라 하시니라 _ 사도행전 1장 8절

19 성령님으로 나를 채우다

사도행전 1장 4-8절

준비물 | 풍선, 유성펜

주제찬양

말씀터

- 사도와 함께 모이사 그들에게 분부하여 이르시되 예루살렘을 떠나지 말고 내게서 들은 바 아버지께서 약속하신 것을 기다리라
- 요한은 물로 세례를 베풀었으나 너희는 몇 날이 못되어 성령으로 세례를 받으리라 하셨느니라
- 그들이 모였을 때에 예수께 여쭈어 이르되 주께서 이스라엘 나라를 회복하심이 이때니이까 하니
- 이르시되 때와 시기는 아버지께서 자기의 권한에 두셨으니 너희가 알 바 아니요
- 오직 성령이 너희에게 임하시면 너희가 권능을 받고 예루살렘과 온 유대와 사마리아와 땅 끝까지 이르러 내 증인이 되리라 하시니라

복음놀이터

1 성령님이 오시면 나에게 어떤 일이 일어날까요?

예수님은 부활하신 후 승천하실 때, 제자들에게 마지막으로 중요한 약속을 하셨습니다. "하나님이 약속하신 성령님을 기다려라! 하나님이 너희에게 성령님을 선물로 보내줄 거야!" 성령님이 오시면 나에게 어떤 일이 일어날까요?

성령님이 나에게 오시면, 능력을 받아서 예수님의 증인이 됩니다.

Play 풍선 6개에 사도행전 1장 8절 말씀을 여섯 개로 나누어서 적습니다. 각 사람이 암송 구절의 일부가 적힌 풍선을 하나씩 선택합니다. 자신이 선택한 풍선의 구절을 암송한 후에, 차례대로 사도행전 1장 8절 말씀을 암송합니다. 풍선을 서로 바꾸어서 여러 번 진행합니다.

Talk 자신이 가진 풍선에 적힌 성경 구절을 암송한 후에, 자신의 차례에 멋지게 외쳐 봅시다.

① 오직 성령이 너희에게 임하시면 ② 너희가 권능을 받고 ③ 예루살렘과 온 유대와
④ 사마리아와 땅끝까지 이르러 ⑤ 내 증인이 되리라 ⑥ 사도행전 1장 8절

❷ **성령님이 오시면 나의 말과 행동이 어떻게 달라질까요?**

우리는 날마다 성령님으로 충전해야 합니다.

내 안에 성령님으로 가득 채워지면 예수님을 전하는 증인이 됩니다.

나의 삶을 통해서 예수님의 복음이 나타납니다.

나의 성품을 통해서 성령 하나님의 성품이 나타납니다.

Play 사도행전 1장 8절 말씀이 적힌 풍선을 위로 던지며 "오직!"이라고 외치고, 풍선을 받으면서 "성령!"이라고 외칩니다. 풍선을 혼자 받다가, 점차 사람 수를 늘려가며 주고받습니다. 술래를 정하여서 성령님 풍선을 받지 못하도록 방해하거나 빼앗는 동작을 하면 더욱 흥미진진한 놀이가 됩니다.

Talk 예수님의 증인이 되는 방법은 오직 성령님 밖에 없습니다. 서로에게 성령님 풍선을 패스해 봅시다.

오직 성령! 오직 성령! 오직 성령!

기도 하나님, 우리에게 성령님을 보내주셔서 감사합니다. 날마다 성령님으로 가득 차게 하시고, 성령님의 능력으로 복음을 전하는 가정이 되게 해주세요. 예수님의 이름으로 기도합니다. 아멘.

20 성령님은 선물이다

사도행전 2장 38-42절

준비물 | 빨간색 풍선

주제찬양

말씀터

- 베드로가 이르되 너희가 회개하여 각각 예수 그리스도의 이름으로 세례를 받고 죄 사함을 받으라 그리하면 성령의 선물을 받으리니
- 이 약속은 너희와 너희 자녀와 모든 먼 데 사람 곧 주 우리 하나님이 얼마든지 부르시는 자들에게 하신 것이라 하고
- 또 여러 말로 확증하며 권하여 이르되 너희가 이 패역한 세대에서 구원을 받으라 하니
- 그 말을 받은 사람들은 세례를 받으매 이 날에 신도의 수가 삼천이나 더하더라
- 그들이 사도의 가르침을 받아 서로 교제하고 떡을 떼며 오로지 기도하기를 힘쓰니라

복음놀이터

❶ 성령님이 우리에게 오시면, 우리의 입술에서 어떤 이름이 나올까요?

성령님이 다락방에 모여 있는 모든 사람에게 오셨습니다.

성령님을 받은 사람들은 예수님을 전하는 증인이 되었습니다.

성령님을 받은 사람들은 집 밖으로 나가 사람들에게 예수님을 전했습니다.

예수님의 제자인 베드로는 많은 사람에게 예수님이 십자가에 죽으시고 다시 살아나신 것을 전했습니다.

Play 성령님을 상징하는 빨간색 풍선을 머리카락이나 옷에 비빈 후, 정전기를 이용하여 몸에 붙여 봅니다. 여러 개의 풍선을 신체에 붙여서 이곳, 저곳을 다니며 "예수님 믿으세요!"라고 이야기합니다. 누구의 풍선이 몸에 가장 오래 붙어 있는지 시합해 봅니다.

성령님은 예수님을 믿는 한 사람, 한 사람에게 오십니다.
정전기를 이용해 빨간색 풍선을 머리나 신체에 붙여 보세요.

❷ **나는 성령님으로 가득 충전되어 있나요?**

3천 명의 사람들이 베드로의 설교를 들은 후, 자신의 죄를 회개했습니다.

사람들은 기억하고 있던 죄뿐 아니라 기억하지 못하는 죄까지 모두 회개했습니다.

하나님은 죄를 회개하는 모든 사람에게 성령님을 선물로 주셨습니다.

성령님으로 가득 충전되자, 사람들은 하나님의 말씀에 순종하기 시작했습니다.

성령님으로 가득 충전되자, 사람들은 서로 사랑하며 용서했습니다.

성령님으로 가득 충전되자, 사람들은 뜨겁게 기도했습니다.

Play 자신의 배와 앞 사람의 등 사이에 빨간색 풍선을 끼워서 성령님 기차를 만듭니다. 교회와 가정 곳곳을 다니며 "성령님, 안녕하세요!"라고 인사합니다. 두 팀일 경우 목표지점을 정하여 성령님 풍선을 떨어뜨리지 않고 돌아오는 시합을 할 수 있습니다.

Talk

성령님 풍선으로 충전한 기차를 만든 후, 반환점을 돌아 오세요.

성령님 풍선이 바닥에 떨어지지 않도록 호흡을 맞추어 이동해야 합니다.

성령님, 안녕하세요! 성령님, 안녕하세요! 성령님, 안녕하세요!

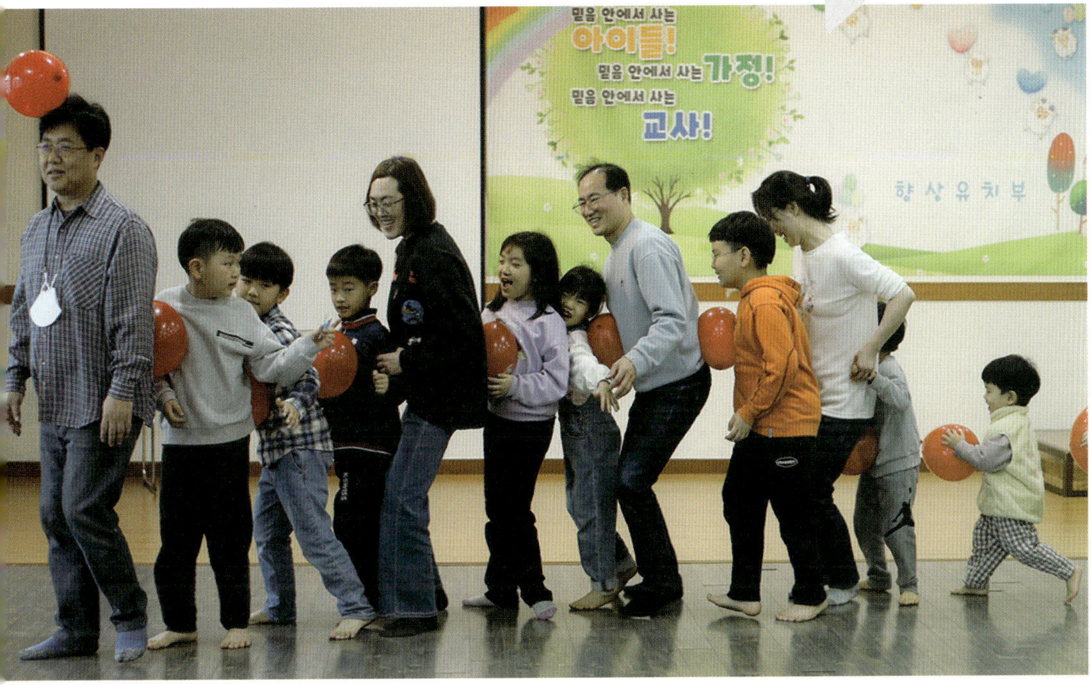

풍선

기도 하나님, 성령님이 우리와 언제, 어디서나 함께하심을 믿습니다. 우리 가정에 성령님이 충만하여서, 예수님의 증인으로 세워지도록 해주세요. 예수님의 이름으로 기도합니다.

21 성령님과 죄는 반대다

갈라디아서 5장 16-18절

준비물 | 검은색 풍선, 빨간색 풍선

주제찬양

말씀터

- 내가 이르노니 너희는 성령을 따라 행하라 그리하면 육체의 욕심을 이루지 아니하리라
- 육체의 소욕은 성령을 거스르고 성령은 육체를 거스르나니 이 둘이 서로 대적함으로 너희가 원하는 것을 하지 못하게 하려 함이니라
- 너희가 만일 성령의 인도하시는 바가 되면 율법 아래에 있지 아니하리라

복음놀이터

① 성령님을 받은 사람이 죄를 따라 살면 어떻게 될까요?

죄와 성령님은 정반대입니다. 마치 빛과 어둠 같습니다.

죄를 지으려는 마음과 성령님이 주시는 마음은 완전히 반대입니다.

예수님을 믿는 사람은 성령님을 선물로 받은 사람입니다.

성령님을 받은 사람은 성령님을 따라 살아야만 능력을 얻습니다.

성령님을 받은 사람이 죄를 따라 살면, 성령님의 능력을 잃어버립니다.

Play 술래는 '죄'를 상징하는 검은색 풍선을 잡습니다. 술래를 포함한 모든 사람이 동시에 "한 발!"이라고 외치면서, 한 걸음씩만 움직입니다. 술래의 손에 있는 죄의 풍선에 몸이 닿은 사람은 제자리에 앉습니다. 술래를 피해 움직인 사람들은 살 수 있습니다.

성령님을 받은 사람은 죄를 피해야 합니다.
지금부터 죄를 피하는 '한 발 술래잡기'를 해 봅시다.

풍선

❷ 죄가 나를 공격하고 다스릴 때, 누구에게 도움을 구해야 할까요?

성령님은 가만히 계시는 분이 아닙니다.

성령님은 적극적으로 죄를 대적하시는 분이십니다.

내가 죄의 공격을 받아 쓰러졌을 때, 성령님은 나를 다시 일어서게 하십니다.

성령님의 능력을 받으면, 어떤 죄에도 맞서 싸울 수 있습니다.

Play 두 사람 중 한 사람은 죄를 상징하는 검은색 풍선을 잡고, 다른 한 사람은 성령님을 상징하는 빨간색 풍선을 잡습니다. 시작 신호와 함께 "한 발!"이라고 외치면서 다 함께 한 걸음씩 움직입니다. 죄의 풍선에 몸이 닿은 사람은 그 자리에서 앉아야 하고, 빨간색 풍선에 몸이 닿아야 다시 움직일 수 있게 됩니다. 죄의 공격을 받아서 앉은 사람들은 성령님 풍선을 잡은 사람을 향해 "성령님!"이라고 외치며 도움을 구합니다.

죄는 사람들을 죽이는 역할을 하고, 성령님은 사람들을 살리는 역할을 합니다. 우리는 죄를 피하고, 성령님을 따라가야만 살 수 있습니다.

기도 하나님, 우리에게 성령님을 보내주셔서 감사합니다. 성령님의 능력으로 모든 죄를 물리치게 해주세요. 날마다 죄와 싸우는 가정이 되게 해주세요. 예수님의 이름으로 기도합니다. 아멘.

22 성령님의 검으로 싸우다

에베소서 6장 11-17절

준비물 | 응원 막대, 검은색 풍선, 끈 또는 테이프
재료가 없다면 | 응원 막대 대신 신문지

주제찬양

말씀터

- 마귀의 간계를 능히 대적하기 위하여 하나님의 전신갑주를 입으라
- 우리의 씨름은 혈과 육을 상대하는 것이 아니요 통치자들과 권세들과 이 어둠의 세상 주관자들과 하늘에 있는 악의 영들을 상대함이라
- 그러므로 하나님의 전신갑주를 취하라 이는 악한 날에 너희가 능히 대적하고 모든 일을 행한 후에 서기 위함이라
- 그런즉 서서 진리로 너희 허리띠를 띠고 의의 호심경을 붙이고
- 평안의 복음이 준비한 것으로 신을 신고
- 모든 것 위에 믿음의 방패를 가지고 이로써 능히 악한 자의 모든 불화살을 소멸하고
- 구원의 투구와 성령의 검 곧 하나님의 말씀을 가지라

복음놀이터

❶ 하나님은 왜 우리에게 하나님의 전신갑주를 주셨을까요?

우리가 싸워야 할 대상은 사람이 아니라, 악한 영들인 마귀입니다.

하나님은 우리에게 마귀와 싸워 이길 수 있는 전신갑주를 주셨습니다.

하나님이 주신 전신갑주는 진리의 허리띠, 의의 호심경, 복음의 신, 믿음의 방패, 구원의 투구, 성령의 검입니다.

하나님은 우리에게 하나님의 전신갑주로 완전히 무장하라고 명령하셨습니다.

전신갑주 중에서 마귀를 공격할 수 있는 칼이 있는데,

그것은 바로 하나님의 말씀입니다.

하나님의 말씀은 마귀에게 적극적으로 대항하여 물러서게 할 수 있는 성령님의 칼입니다.

응원 막대에 바람을 불어서 모양을 만듭니다.
응원 막대에 에베소서 6장 11절 말씀을 써서 성령의 검을 완성합니다.

 응원 막대가 없는 경우에, 신문지를 말아서 만든 신문지 막대를 사용합니다.

성령님의 검에 에베소서 6장 11절 말씀을 적어 봅시다.
하나님의 전신갑주를 입으라!

❷ **우리가 매일 적극적으로 싸워야 할 죄는 무엇인가요?**

죄는 날마다 우리를 향하여 우는 사자처럼 공격하며 달려옵니다.
우리는 죄의 공격에 대해 항상 맞서서 싸울 준비를 해야 합니다.
하나님의 말씀은 살아있고 운동력 있는 칼입니다.
말씀의 검은 나를 향해 공격하는 죄에 대해서 강력한 힘으로 무찌릅니다.

Play 말씀의 검을 들고, 죄의 터널을 지나갑니다. 이때 죄의 풍선이 자기의 몸에 닿지 않도록 성령의 검을 이용해서 물리칩니다. 이때, "성령님 파워!"라고 외치면서 말씀의 검을 휘두릅니다. 술래가 죄의 풍선을 흔들어, 터널을 지나가는 사람의 몸에 죄의 풍선이 닿도록 방해합니다.

Talk 성령님은 죄를 물리치는 검입니다. 성령님의 검으로 죄를 물리쳐 봅시다.

성령님 파워! 성령님 파워! 성령님 파워!

진행팁 어두운색 풍선을 마스킹 테이프나 끈을 이용해 천장에 붙여 죄의 터널을 만듭니다.
어두운색 풍선이 없는 경우, 밝은색 풍선에 글자나 그림으로 죄를 표현하여 준비합니다.

기도 하나님, 우리의 힘으로는 죄를 막을 수 없습니다. 성령님의 강력한 힘으로 이 세상에 가득한 죄악을 깨끗이 물리치는 가정이 되게 해주세요. 하나님의 강한 팔로 우리 가정을 보호해주세요. 예수님의 이름으로 기도합니다. 아멘.

풍선

PART 3

신앙교육을 활성화시키는
복음놀이 리부트
스타트

파라슈트

우리를 향한 하나님의 사랑은 바다보다 크고 넓습니다.
파라슈트는 우리를 품으시는 하나님의 넓은 품을 닮았습니다.
파라슈트를 흔들고 돌리며 마음, 바다, 집 등의 공간을 표현할 수 있습니다.
복음색깔 파라슈트를 이용해서 놀이하다 보면
하나님의 큰 사랑을 경험합니다.

네가 물 가운데로 지날 때에 내가 너와 함께 할 것이라 강을 건널 때에 물이 너를 침몰하지 못할 것이며 네가 불 가운데로 지날 때에 타지도 아니할 것이요 불꽃이 너를 사르지도 못하리니
_ 이사야 43장 2절

23 나는 죄인이다

로마서 1장 28-32절

준비물 | 파라슈트, 다양한 크기와 무게의 물건
재료가 없다면 | 파라슈트 대신 보자기 또는 얇은 이불

주제찬양

말씀터

- 또한 그들이 마음에 하나님 두기를 싫어하매 하나님께서 그들을 그 상실한 마음대로 내버려 두사 합당하지 못한 일을 하게 하셨으니
- 곧 모든 불의, 추악, 탐욕, 악의가 가득한 자요 시기, 살인, 분쟁, 사기, 악독이 가득한 자요 수군수군하는 자요
- 비방하는 자요 하나님께서 미워하시는 자요 능욕하는 자요 교만한 자요 자랑하는 자요 악을 도모하는 자요 부모를 거역하는 자요
- 우매한 자요 배약하는 자요 무정한 자요 무자비한 자라
- 그들이 이같은 일을 행하는 자는 사형에 해당한다고 하나님께서 정하심을 알고도 자기들만 행할 뿐 아니라 또한 그런 일을 행하는 자들을 옳다 하느니라

복음놀이터

❶ 나에게 있는 죄와 비슷한 크기 또는 무게의 물건은 무엇일까요?

다른 사람을 때리는 행동은 냉장고처럼 크고 무거울까요? 작은 지우개처럼 가벼울까요? 예배 시간에 다른 생각을 하는 죄는 쌀처럼 작을까요? 자동차처럼 클까요?

Play 다양한 크기나 무게를 지닌 물건을 한곳에 모아 놓은 후에, 파라슈트로 덮습니다. 자신의 죄가 어느 정도의 크기와 무게일지 생각해본 다음, 죄의 무게나 크기에 비슷한 물건을 파라슈트 아래에 손을 넣어 꺼내 봅니다. 죄가 크고 무겁다면 크고 무거운 물건을 꺼내고, 작고 가볍다면 그에 해당하는 물건을 선택합니다.

나에게 있는 죄의 크기와 무게는 어느 정도일까요?
파라슈트 아래에 손을 넣어 자신의 죄에 해당되는 물건을 꺼내 보세요.

❷ **작고 가볍게 여기는 죄는 무엇일까요? 크고 무겁게 여기는 죄는 무엇일까요?**

가벼운 죄는 가벼운 티슈 한 장을 뽑듯이 가볍게 여기기 때문에 쉽게 반복합니다.

무거운 죄는 무거운 탁자를 옮기는 것처럼 처음에는 어렵지만

계속 반복하게 된다면 익숙해집니다.

아무리 작고 가벼워 보이는 죄라고 해도, 예수님이 보시기에는 모두 크고 무거운 죄입니다.

예수님은 우리의 모든 죄를 예수님의 보혈로 완전히 덮으시기 위해 십자가에 달리셨습니다.

우리의 힘으로는 아무리 작은 죄도 절대로 가릴 수 없습니다.

오직 예수님만이 우리의 죄를 완벽하게 씻어주실 수 있습니다.

Play 파라슈트 아래에서 꺼낸 물건을 모두 파라슈트 위에 놓습니다. 왜 그러한 물건을 선택했는지 서로 이유를 말해 봅니다. 이야기를 모두 나눈 다음, 공동체가 지닌 죄를 회개하는 시간을 가집니다.

Talk 우리 공동체가 지닌 죄를 모두 합친다면, 참 크고 무거울 것 같습니다.
우리 앞에 놓인 물건을 보면서, 우리 안에 있는 모든 죄를 회개해 봅시다.

기도 하나님, 우리에게 죄가 많이 있습니다. 우리의 죄를 예수님의 피로 완전히 덮어주세요. 날마다 모든 죄를 예수님께 고백하여 씻음 받는 가정이 되게 해주세요. 예수님의 이름으로 기도합니다. 아멘.

24 부활 생명이 있다

로마서 6장 6-9절

준비물 | 파라슈트, 비치볼
재료가 없다면 | 파라슈트 대신 보자기 또는 얇은 이불

주제찬양

말씀터

- 우리가 알거니와 우리의 옛 사람이 예수와 함께 십자가에 못 박힌 것은 죄의 몸이 죽어 다시는 **우리가 죄에게 종 노릇 하지 아니하려 함이니**
- 이는 죽은 자가 죄에서 벗어나 의롭다 하심을 얻었음이라
- 만일 우리가 그리스도와 함께 죽었으면 또한 그와 함께 살 줄을 믿노니
- 이는 그리스도께서 죽은 자 가운데서 살아나셨으매 다시 죽지 아니하시고 사망이 다시 그를 주장하지 못할 줄을 앎이로라

복음놀이터

❶ 예수님은 어떤 모습으로 살아나셨을까요?

예수님은 십자가에 달려 돌아가셨습니다.

단 몇 시간 만에 예수님의 몸은 창백한 시신이 되었습니다.

예수님의 눈은 완전히 감겼으며, 온몸에 어떠한 힘도 없이 누워있습니다.

따스한 온기 가득하던 온몸은 어느새 차가운 얼음처럼 변해 버렸습니다.

그러나 놀랍게도, 3일 후에 예수님은 다시 살아나셨습니다.

예수님은 부활의 생명으로 모든 죄와 죽음의 권세를 이기고 다시 살아나셨습니다.

Play 로마서 6장 8절 말씀이 적힌 비치볼을 파라슈트 위에 올려놓고 튕깁니다. 모든 사람이 비치볼을 튕기면서 로마서 6장 8절 말씀을 함께 암송하면 더욱 즐거운 암송 놀이가 됩니다. 동작이 익숙해지면 신나는 찬양곡의 리듬에 맞추어서 공을 튕겨봅니다.

파라슈트

 **진행 팁**

비치볼에 로마서 6장 8절 말씀을 유성펜으로 적어서 준비합니다.

Talk

공을 튕기면서 로마서 6장 8절 말씀을 암송해 봅시다.
(★ 표시 부분에서 공을 위로 튕깁니다.)

만일★우리가★그리스도와★함께★죽었으면★또한★그와★함께★살 줄을★믿노니

❷ **나를 대신해서 십자가에 죽으시고 부활하신 예수님의 복음을 믿나요?**

예수님은 십자가에 죽으신 후 다시 살아나셨습니다.

이 사실을 믿지 않으면, 예수님의 부활이 나의 부활이 될 수 없습니다.

예수님이 부활하신 것을 받으면, 나도 예수님과 함께 새 생명을 얻은 새사람이 됩니다.

Play 한 사람이 로마서 6장 8절 말씀이 적힌 비치볼을 들고 섭니다. 나머지 사람들은 파라슈트를 함께 들고 마주섭니다. 성경구절을 한 어절씩 암송하면서 비치볼을 주고 받습니다.

기도 하나님, 예수님께서 죽으실 때 죄인인 나도 죽고, 예수님께서 부활하실 때 나도 새 사람으로 부활한 것을 믿습니다. 날마다 예수님의 십자가 죽음과 부활을 믿음으로 받는 가정이 되게 해주세요. 예수님의 이름으로 기도합니다. 아멘.

파라슈트

25 너는 하나님의 보물이다

이사야 43장 1-4절

준비물 | 파라슈트, 복음색깔 풍선(하늘색 또는 파란색, 빨간색, 초록색, 노란색), 유성펜
재료가 없다면 | 파라슈트 대신 보자기 또는 얇은 이불

주제찬양

말씀터

- 야곱아 너를 창조하신 여호와께서 지금 말씀하시느니라 이스라엘아 너를 지으신 이가 말씀하시느니라 너는 두려워하지 말라 내가 너를 구속하였고 내가 너를 지명하여 불렀나니 너는 내 것이라
- 네가 물 가운데로 지날 때에 내가 너와 함께 할 것이라 강을 건널 때에 물이 너를 침몰하지 못할 것이며 네가 불 가운데로 지날 때에 타지도 아니할 것이요 불꽃이 너를 사르지도 못하리니
- 대저 나는 여호와 네 하나님이요 이스라엘의 거룩한 이요 네 구원자임이라 내가 애굽을 너의 속량물로, 구스와 스바를 너를 대신하여 주었노라
- 네가 내 눈에 보배롭고 존귀하며 내가 너를 사랑하였은즉 내가 네 대신 사람들을 내어 주며 백성들이 네 생명을 대신하리니

복음놀이터

① 나는 어떤 존재일까요?

우리는 하나님이 창조하신 것 중에서 가장 소중하고 귀한 보물입니다.

하나님은 자신의 가장 귀한 아들을 희생시켜서 나를 구원하셨습니다.

하나님은 세상 많은 사람 중에서 나를 선택하셔서 부르셨습니다.

하나님은 내가 깊은 물을 지날 때도, 뜨거운 불 가운데로 지날 때도 나와 함께 하십니다.

Play 우리는 하나님의 소중한 보물입니다. 복음색깔 풍선에 자신의 얼굴과 이름을 적은 후, 완성한 작품을 서로에게 이야기합니다.

> 우리는 모두 하나님의 복음이 가득한 보물입니다.
> 복음색깔 풍선 안에 나의 얼굴을 그려 보세요.

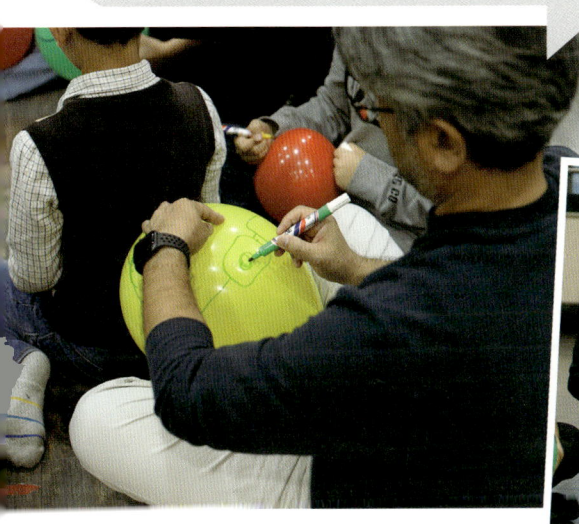

❷ 하나님은 나를 어떻게 생각하실까요?

하나님은 나를 그 무엇보다 보배롭고 존귀하게 여깁니다.

나는 하나님의 가장 소중한 보물입니다.

하나님은 나를 하나님의 사람이 되게 하시려고,

하나뿐인 아들 예수님을 십자가에 내어 주셨습니다.

Play 복음풍선은 '하나님의 보물'을 상징하며, 파라슈트는 하나님의 보물을 지키는 '하나님의 품'을 가리킵니다. 복음풍선을 파라슈트 안에 넣어서, 위아래로 흔들기도 하고 좌우로 흔들어 보는 등 속도에 변화를 주며 흔듭니다. 이때 모두 함께 "하나님의 보물!"이라고 외치며 파라슈트를 흔듭니다. 파라슈트 밖으로 떨어진 복음풍선을 제한 시간 안에 올려 봅니다. 술래를 정하여 복음풍선을 파라슈트 안에 넣지 못하도록 방해하면 더욱 흥미진진한 놀이가 됩니다.

하나님은 하나님의 넓은 품으로 언제나 우리를 품어 주십니다.
복음풍선을 파라슈트 안에 넣은 후 파라슈트 밖으로 나가지 않도록 지켜 봅시다.

하나님의 보물! 하나님의 보물! 하나님의 보물!

기도 하나님, 우리를 보배롭고 존귀한 하나님의 사람으로 불러주셔서 감사합니다. 죄의 종이었던 우리를 하나님의 소유가 되게 해주신 은혜에 감사드립니다. 날마다 하나님의 은혜에 감사하며 사는 가정이 되게 해주세요. 예수님의 이름으로 기도합니다. 아멘.

26 하나님은 사랑이다

요한일서 4장 7-10절

준비물 | 파라슈트
재료가 없다면 | 파라슈트 대신 보자기 또는 얇은 이불

주제찬양

말씀터

- 사랑하는 자들아 우리가 서로 사랑하자 사랑은 하나님께 속한 것이니 사랑하는 자마다 하나님으로부터 나서 하나님을 알고
- 사랑하지 아니하는 자는 하나님을 알지 못하나니 이는 하나님은 사랑이심이라
- 하나님의 사랑이 우리에게 이렇게 나타난 바 되었으니 하나님이 자기의 독생자를 세상에 보내심은 그로 말미암아 우리를 살리려 하심이라
- 사랑은 여기 있으니 우리가 하나님을 사랑한 것이 아니요 하나님이 우리를 사랑하사 우리 죄를 속하기 위하여 화목제물로 그 아들을 보내셨음이라

복음놀이터

1. 하나님은 나를 향한 사랑을 어떻게 표현하셨나요?

나라는 존재는 하나님께 자신의 하나뿐인 아들보다 소중한 보물입니다.
하나님은 죄로 인해 망가지고 더러워진 나를 절대 포기하지 않으십니다.
하나님은 나를 살리기 위하여 자신이 가장 아끼는 소중한 아들을 화목제물로 삼으셨습니다.
이것이 바로 하나님의 사랑입니다.

Play 파라슈트는 우리를 사랑으로 품으시는 '하나님의 넓은 품'을 상징합니다. 모든 사람이 "하나, 둘, 셋!" 하는 구령에 맞춰 파라슈트를 위로 올립니다. 이때 진행자가 "안경 쓴 사람!"이라고 외치면, 안경을 쓴 사람들이 파라슈트 아래쪽으로 들어가 서로의 자리를 바꿉니다. "○○○한 사람!" 등과 같이 참여한 사람들의 다양한 특징을 이야기하며, 모든 사람이 하나님의 품 아래로 들어갑니다.

우리는 하나님의 사랑이 가득한 품 안에 항상 있어야 합니다.
지금부터 설명하는 특징에 해당되는 사람은 재빨리 하나님의 품 안에 들어가서 자리를 바꾸세요.

옷에 검은색이 있는 사람!
머리를 묶은 사람!
흰색 양말을 신은 사람!

❷ 하나님은 왜 나를 사랑하실까요?

하나님은 우리가 다른 사람들보다 온순하고 착해서 사랑하시는 것이 아닙니다.
나에게는 하나님의 사랑을 받을만한 그 어떤 자격도 없습니다.
하나님은 우리의 존재 자체를 아무런 조건 없이 사랑하십니다.
하나님의 사랑은 하나님의 마음속에만 있는 정적인 감정이 아닙니다.
하나님의 사랑은 우리를 죄에서 적극적으로 구해내시는 역동적인 행동입니다.

Play 모든 사람이 양손으로 파라슈트를 잡고 앉습니다. 이때 양다리를 파라슈트 안으로 뻗습니다. 놀이를 시작하기 전에, 술래와 구조대를 정하여 진행합니다. 술래는 파라슈트 안에 들어가서 사람들이 파라슈트에서 손을 놓치도록 다리를 잡아당깁니다. 구조대는 바깥에 서서 사람들이 손을 놓치지 않도록 도와주는 역할을 합니다.

Talk 술래는 하나님의 자녀가 하나님의 품을 떠나도록
파라슈트 안에 들어가서 다리를 잡아당겨 주세요.
구조대는 하나님의 자녀가 하나님의 품을 떠나지 않도록 붙잡아 주세요.

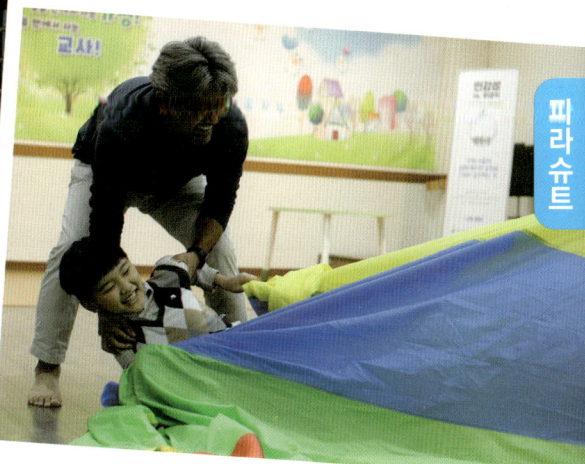

파라슈트

기도 하나님, 우리를 하나님의 품에 품어주시고, 죄의 공격으로부터 지켜주셔서 감사합니다. 하나님의 사랑 안에 풍성히 거하는 가정이 되게 해주세요. 예수님의 이름으로 기도합니다. 아멘.

PART 3

신앙교육을 활성화시키는
복음놀이 리부트
스타트

종이벽돌

가정과 교회는 하나님의 걸작품입니다.
작은 종이벽돌이 결합하여 만들어진 작품은 가정과 교회를 닮았습니다.
종이벽돌을 쌓고, 전달하고, 뒤집고, 던지며
복음을 흥미롭게 경험할 수 있습니다.
종이벽돌로 작품을 만들고 놀이하다 보면
온 세대가 하나로 이어집니다.

여호와께서 노아에게 이르시되 너와 네 온 집은 방주로 들어가라 이 세대에서 네가 내 앞에 의로움을 내가 보았음이니라 _ 창세기 7장 1절

27 하나님 말씀이 기준이다

창세기 7장 1-5절

준비물 | 종이벽돌, 창세기 7장 1절 말씀 스티커(자료실 다운로드)

주제찬양

말씀터

- 여호와께서 노아에게 이르시되 너와 네 온 집은 방주로 들어가라 이 세대에서 네가 내 앞에 의로움을 내가 보았음이니라
- 너는 모든 정결한 짐승은 암수 일곱씩, 부정한 것은 암수 둘씩을 네게로 데려오며
- 공중의 새도 암수 일곱씩을 데려와 그 씨를 온 지면에 유전하게 하라
- 지금부터 칠 일이면 내가 사십 주야를 땅에 비를 내려 내가 지은 모든 생물을 지면에서 쓸어버리리라
- 노아가 여호와께서 자기에게 명하신 대로 다 준행하였더라

복음놀이터

① 어떤 일을 결정할 때, 내가 기준으로 삼는 것은 무엇인가요?

세상 모든 사람은 아무 기준 없이 마음대로 살았습니다.

그러나 노아와 가족은 하나님 말씀의 기준대로 살았습니다.

노아에게는 하나님의 말씀이 기준이었기 때문에, 하나님의 말씀을 모두 지켰습니다.

하나님이 명령하신 말씀 중 지키지 않은 말씀이 하나도 없습니다.

하나님은 그러한 노아와 가족들을 보시고 의롭다고 말씀하셨습니다.

Play 〈쌀밥 보리밥〉놀이를 응용한 놀이입니다. 말씀벽돌을 들고 '말씀밥'과 '보리밥' 중 한 가지를 외칩니다. "보리밥!"이라고 외쳤다면, 상대방이 말씀벽돌을 잡아도 소용이 없습니다. "말씀밥!"이라고 외칠 때 잡아야만 말씀밥을 가질 수 있습니다.

 사전에 종이벽돌에 창세기 7장 1절 말씀을 부착합니다.

 ▶자료실

❷ 하나님 말씀보다 먼저 반응하게 되는 소리는 어떤 소리인가요?

노아와 가족들에게 가장 중요한 것은 하나님의 말씀이었습니다.

노아와 가족들은 하나님의 말씀에 순종하고, 예배드리는 일을 가장 중요하게 여겼습니다.

노아와 가족들은 하나님의 말씀에 귀 기울이며, 모든 말씀을 다 준행하였습니다.

하나님의 백성은 "하나님!", "말씀!", "예배!", "기도!" 소리에 제일 먼저 반응합니다.

Play 두 사람이 마주 앉고, 가운데에 말씀벽돌을 하나 놓습니다. "마음을 다해, 뜻을 다해, 힘을 다해"라고 말하면서 무릎을 두 번, 상대편 손바닥을 두 번 치는 동작을 계속 반복합니다. 진행자가 "하나님!"이라고 외칠 때 말씀벽돌을 재빠르게 먼저 잡으면 획득할 수 있습니다. 진행자가 "하나님!"이 아닌 것("아이스크림!", "게임!", "스마트폰!", "인형" 등)을 외칠 때 종이벽돌을 잡으면 무효가 됩니다.

우리는 하나님의 명령에 가장 민첩하게 반응해야 합니다. "하나님!"이라고 외칠 때만 말씀벽돌을 잡아 보세요.

마음을 다해, 뜻을 다해, 힘을 다해 스마트폰 (X)
마음을 다해, 뜻을 다해, 힘을 다해 돈 (X)
마음을 다해, 뜻을 다해, 힘을 다해 친구 (X)
마음을 다해, 뜻을 다해, 힘을 다해 하나님 (O)

기도 하나님, 우리를 유혹하는 세상의 소리에 귀 기울이지 않고, 오직 하나님의 말씀에 귀 기울이며 말씀에 최고로 반응하는 가정이 되게 해주세요. 예수님의 이름으로 기도합니다. 아멘.

28 하나님 말씀을 전수하다

창세기 7장 5-9절

준비물 | 종이벽돌, 창세기 7장 1절 말씀 스티커(자료실 다운로드)

주제찬양

말씀터

- 노아가 여호와께서 자기에게 명하신 대로 다 준행하였더라
- 홍수가 땅에 있을 때에 노아가 육백 세라
- 노아는 아들들과 아내와 며느리들과 함께 홍수를 피하여 방주에 들어갔고
- 정결한 짐승과 부정한 짐승과 새와 땅에 기는 모든 것은
- 하나님이 노아에게 명하신 대로 암수 둘씩 노아에게 나아와 방주로 들어갔으며

복음놀이터

❶ 하나님은 우리가 다음 세대에 어떤 말씀을 전수하길 원하실까요?

노아는 하나님이 명령하신 것을 하나도 놓치지 않고 가족들에게 전했습니다.

노아가 "하나님이 배의 길이는 300규빗이라고 말씀하셨어!"라고 말하면,

가족들은 "네, 알겠습니다. 300규빗!"이라고 되새기며 방주를 만들었습니다.

Play 모든 사람이 둥글게 모여 앉습니다. 처음 시작하는 사람이 종이벽돌에 부착된 성경 구절을 읽으면서 옆 사람에게 전달합니다. "여호와께서"라는 말씀 구절을 또박또박 큰 소리로 읽으며 옆 사람에게 말씀벽돌을 전달하면, 그 사람도 "여호와께서"라고 말하며 다시 옆 사람에게 말씀벽돌을 전달합니다.

종이벽돌

창세기 7장 1절 말씀을 종이벽돌에 부착한 후에 옆 사람에게 열심히 전수해 봅시다.  ▶자료실

❶ 여호와께서 ❷ 노아에게 이르시되 ❸ 너와 네 온 집은 ❹ 방주로 ❺ 들어가라
❻ 이 세대에서 ❼ 네가 내 앞에 ❽ 의로움을 ❾ 내가 보았음이니라 ❿ 창세기 7장 1절

❷ 우리 가정에 하나님 말씀이 없으면 어떻게 될까요?

부모의 마음과 머리와 입술에 하나님 말씀이 없으면, 우리 가정은 무너집니다.

자녀의 마음과 머리와 입술에 하나님의 말씀이 없으면, 우리 가정은 무너집니다.

하나님의 말씀이 가득 채워질수록 우리 가정도 경건한 가정으로 세워집니다.

오늘 하루 어찌하든지 하나님 말씀으로 세워지는 경건한 가정이 됩시다!

Play 말씀벽돌을 세 개씩 교차하여 젠가 모양으로 탑을 쌓습니다. 모두 완성되면, 한 사람씩 돌아가며 말씀벽돌을 하나씩 뽑은 후 해당되는 성경 구절을 읽습니다. 말씀벽돌을 뺐을 때, 젠가 탑이 무너지지 않으면 해당되는 말씀벽돌을 가질 수 있습니다. 반대로 말씀벽돌을 빼다가 젠가 탑이 무너지면 놀이는 끝이 납니다. 가장 많은 말씀벽돌을 가진 사람이 이깁니다.

기도 하나님, 하나님이 주신 말씀을 다음 세대에 빠짐없이 전수하는 부모가 되기를 원합니다. 하나님의 말씀을 날마다 전하며, 그 말씀대로 살아가는 가정이 되게 해주세요. 예수님의 이름으로 기도합니다. 아멘.

종이벽돌

29 하나님 말씀은 내 발의 등이다 시편 119편 105-109절

준비물 | 종이벽돌, 시편 119편 105절 말씀 스티커(자료실 다운로드)

주제찬양

말씀터
- 주의 말씀은 내 발에 등이요 내 길에 빛이니이다
- 주의 의로운 규례들을 지키기로 맹세하고 굳게 정하였나이다
- 나의 고난이 매우 심하오니 여호와여 주의 말씀대로 나를 살아나게 하소서
- 여호와여 구하오니 내 입이 드리는 자원제물을 받으시고 주의 공의를 내게 가르치소서
- 나의 생명이 항상 위기에 있사오나 나는 주의 법을 잊지 아니하나이다

복음놀이터

❶ 하나님의 말씀은 우리에게 왜 필요할까요?

캄캄한 길을 걸어갈 때, 등불이 없으면 길을 잃거나 위험한 일을 당합니다.

하나님의 말씀은 어두운 삶을 비추는 등불입니다.

그러므로 우리는 항상 하나님 말씀의 등불을 갖고 있어야 합니다.

하나님 말씀이 바쁘고 분주한 일상에서 감추어지지 않도록 해야 합니다.

오늘 하루 어찌하든지 하나님 말씀의 등불을 켜고 걸어가야 합니다.

> **Play** 시편 119편 105절의 말씀 스티커가 부착된 종이벽돌을 섞어서 준비합니다. 성경 구절이 바닥을 향하도록 뒤집어놓습니다. 시작 신호와 함께 말씀을 순서대로 빠르게 나열합니다. 가장 먼저 나열한 팀이 승리합니다.

시편 119편 105절 말씀을 종이벽돌에 부착한 후에
바른 순서대로 나열해 보세요.

❶ 주의 말씀은 ❷ 내 발에 ❸ 등이요 ❹ 내 길에 ❺ 빛이니이다 ❻ 시편 119편 105절

▶자료실

❷ **하나님 말씀이 나를 떠나지 않게 하려면 어떤 노력을 해야 할까요?**

하나님의 말씀은 우리의 발걸음을 인도하는 등불이며, 어두운 세상을 비추는 밝은 빛입니다.

하나님의 말씀이 없다면, 우리는 넘어집니다.

하나님의 말씀이 없다면, 우리는 잘못된 길로 가게 됩니다.

하나님의 말씀을 날마다 떠올리며 그 말씀대로 살아가야 합니다.

Play 말씀팀과 방해팀으로 나누어 놀이를 진행합니다. 말씀팀은 제한 시간 내에 종이벽돌의 말씀이 부착된 면이 위에 나타나도록 뒤집습니다. 방해팀은 말씀이 보이지 않도록 반대로 뒤집습니다.

우리의 인생에 말씀의 빛이 나타나야 합니다.
말씀팀은 하나님의 말씀이 나타나도록 뒤집고, 방해팀은 말씀이 나타나지 못하도록 숨깁니다.

기도 하나님, 하나님의 말씀이 우리 가정의 빛인 것을 믿습니다. 환란과 유혹이 온다고 해도 하나님의 말씀을 붙잡고, 그 말씀을 의지하여 살아가는 가정이 되게 해주세요. 예수님의 이름으로 기도합니다. 아멘.

30 하나님 말씀을 지키다

디모데후서 3장 15-17절

준비물 | 종이벽돌, 디모데후서 3장 16절 말씀 스티커(자료실 다운로드)
재료가 없다면 | 종이벽돌 대신 종이컵, 작은 상자

주제찬양

말씀터

- 또 어려서부터 성경을 알았나니 성경은 능히 너로 하여금 그리스도 예수 안에 있는 믿음으로 말미암아 구원에 이르는 지혜가 있게 하느니라
- 모든 성경은 하나님의 감동으로 된 것으로 교훈과 책망과 바르게 함과 의로 교육하기에 유익하니
- 이는 하나님의 사람으로 온전하게 하며 모든 선한 일을 행할 능력을 갖추게 하려 함이라

복음놀이터

❶ 성경 말씀은 그 자체로 완벽할까요?

성경은 구원에 이르는 지혜를 담고 있습니다.
성경은 우리를 교훈하며, 책망하여 바르게 하며, 의로 교육하기에 완벽합니다.
성경은 우리를 하나님의 완전한 사람으로 세워지도록 합니다.
왜냐하면 성경은 하나님의 감동으로 된 것이기 때문입니다.

Play 디모데후서 3장 16절의 말씀 스티커가 부착된 종이벽돌을 섞어서 준비합니다. 성경 구절이 바닥을 향하도록 뒤집어놓습니다. 시작 신호와 함께 말씀을 순서대로 빠르게 나열합니다. 가장 먼저 나열한 팀이 승리합니다.

Talk 디모데후서 3장 16절 말씀을 종이벽돌에 부착한 후에 바른 순서대로 나열해 보세요.
❶ 모든 성경은 ❷ 하나님의 감동으로 된 것으로 ❸ 교훈과 책망과
❹ 바르게 함과 ❺ 의로 교육하기에 ❻ 유익하니 ❼ 디모데후서 3장 16절

▶자료실

❷ 우리 가정은 하나님 말씀을 잘 지키고 있을까요?

하나님의 말씀은 생명입니다.

하나님 말씀이 없는 가정은 생명이 없는 가정과 같습니다.

하나님 말씀이 없는 가정은 구원에 이르기 힘듭니다.

하나님 말씀이 없는 가정은 결코 하나님이 인정하시는 경건한 가정이 될 수 없습니다.

우리 가정은 어찌하든지 하나님의 말씀을 생명같이 여기며 지켜야 합니다.

Play 둥글게 앉아 양손을 잡거나 서로 팔짱을 끼고, 원 가운데에는 말씀 벽돌을 놓습니다. 술래가 된 사람은 원 바깥에서 말씀벽돌을 빼앗고, 나머지 사람들은 말씀벽돌을 빼앗아 가지 못하도록 방어합니다. 과도한 몸싸움이 되지 않도록 주의합니다.

하나님의 말씀벽돌을 빼앗기지 않도록 열심히 지켜 봅시다.
　말씀을 지키자! 말씀을 지키자! 말씀을 지키자!

기도 하나님, 하나님의 말씀만이 우리를 하나님의 온전한 사람으로 세울 수 있음을 믿습니다. 하나님의 말씀을 빼앗기지 않는 가정이 되게 해주세요. 예수님의 이름으로 기도합니다. 아멘.

종이벽돌

31 하나님께 영광 돌리다

고린도전서 10장 31-33절

준비물 | 종이벽돌, 복음색깔 색종이(파란색, 빨간색, 초록색, 노란색)
재료가 없다면 | 종이벽돌 대신 종이접시

주제찬양

말씀터

- 그런즉 너희가 먹든지 마시든지 무엇을 하든지 다 하나님의 영광을 위하여 하라
- 유대인에게나 헬라인에게나 하나님의 교회에나 거치는 자가 되지 말고
- 나와 같이 모든 일에 모든 사람을 기쁘게 하여 자신의 유익을 구하지 아니하고 많은 사람의 유익을 구하여 그들로 구원을 받게 하라

복음놀이터

❶ 어떻게 하는 것이 하나님께 영광을 돌리는 것일까요?

하나님께 영광을 돌린다는 뜻은 마음을 다해 하나님의 이름을 높이는 것입니다.

우리는 하나님이 우리에게 선물로 주신 복음을 전하며 하나님의 이름을 높여야 합니다.

평범한 일상의 삶을 통해서도 하나님의 복음을 전해야 합니다.

그것이 바로 하나님께 영광을 돌리는 것입니다.

Play 두 팀이 일렬로 앉습니다. 제한 시간 내에 복음색깔의 종이벽돌을 옆 사람에게 많이 전달하는 팀이 승리합니다.

Talk 어느 팀이 가장 먼저 복음벽돌을 더 많이 전하는지 시합해 봅시다.
복음을 전하자! 복음을 전하자! 복음을 전하자!

진행 팁
사전에 종이벽돌에 복음색깔의 파란색, 빨간색, 초록색, 노란색 색종이를 붙이거나, 복음색깔 스티커를 붙여서 준비합니다.

종이벽돌

❷ **우리의 어떤 모습이 하나님의 이름을 높일까요?**

우리는 언제, 어디서나 하나님의 이름을 높여야 합니다.
말로만 하나님의 이름을 높이는 것은 참된 복음 전파가 아닙니다.
우리의 사소한 일상을 통해서도 하나님의 이름을 높여야 합니다.
삶을 통해 전한 복음은 성령님의 강력한 능력이 나타나서 하나님께 영광이 됩니다.

Play 복음색깔 종이벽돌 하나를 손바닥 위에 올립니다. 이때 손가락을 이용해 벽돌을 잡으면 안 되고, 피자도우를 받치고 있듯이 손바닥 위에 올려놓습니다. 술래는 사람들의 손바닥 위에 놓인 복음벽돌을 떨어뜨려야 합니다. 복음벽돌을 바닥에 떨어뜨린 사람은 제자리에 앉아야 하며, 나머지 사람들이 떨어진 복음 벽돌을 손바닥 위에 올려줄 수 있습니다.

기도 하나님, 우리에게 복음을 선물로 주셔서 감사합니다. 우리 가정을 통해서 언제, 어디서나 복음이 전파되며, 그 모든 걸음이 하나님께 영광이 되게 해주세요. 예수님의 이름으로 기도합니다. 아멘.

종이벽돌

PART 3

신앙교육을 활성화시키는
복음놀이 리부트
스타트

열매

하나님의 자녀는 성령님이 주시는 열매를 선물로 받습니다.
풍성한 열매는 하나님이 주시는 변화의 열매와 닮았습니다.
열매를 받고, 던지는 놀이를 통하여
하나님이 주시는 풍성한 열매를 경험할 수 있습니다.
풍성한 열매를 이용해서 놀다 보면
하나님이 주신 삶의 열매를 떠올리며 감사하게 됩니다.

오직 성령의 열매는 사랑과 희락과 화평과 오래 참음과 자비와 양선과 충성과 온유와 절제니
이같은 것을 금지할 법이 없느니라 _ 갈라디아서 5장 22-23절

32 감사로 받다

시편 100편 3-5절

준비물 | 다양한 열매(호두, 밤, 솔방울 등 작고 단단한 열매), 다양한 크기의 그릇

주제찬양

말씀터

- 여호와가 우리 하나님이신 줄 너희는 알지어다 그는 우리를 지으신 이요 우리는 그의 것이니 그의 백성이요 그의 기르시는 양이로다
- 감사함으로 그의 문에 들어가며 찬송함으로 그의 궁정에 들어가서 그에게 감사하며 그의 이름을 송축할지어다
- 여호와는 선하시니 그의 인자하심이 영원하고 그의 성실하심이 대대에 이르리로다

복음놀이터

① 하나님께 제일 감사한 것은 무엇인가요?

1620년, 청교도인들은 본국인 영국을 떠나 신대륙에 정착하기까지 모든 과정마다 하나님께 감사드렸습니다.

그들은 여러 감사의 시들 가운데 시편 100편으로 감사의 찬미를 드렸습니다.

그들은 거센 파도가 휘몰아치고, 살인적인 강풍과 배고픔 속에서도 감사했습니다.

하나님께서 우리 하나님이 되시고, 우리를 지으신 것에 감사했습니다.

하나님께서 우리를 자녀 삼아주시고, 목자 되어주신 것을 송축했습니다.

Play 두 사람이 감사받기를 합니다. 한 사람은 열매를 던지고, 다른 한 사람은 그릇으로 열매를 받습니다. 이때 열매를 던지는 사람은 "앗싸!"라고 외치며, 열매를 받는 사람은 "감사!"라고 말합니다.

하나님이 주신 감사의 열매를 받아 봅시다.

앗싸 감사! 앗싸 감사! 앗싸 감사!

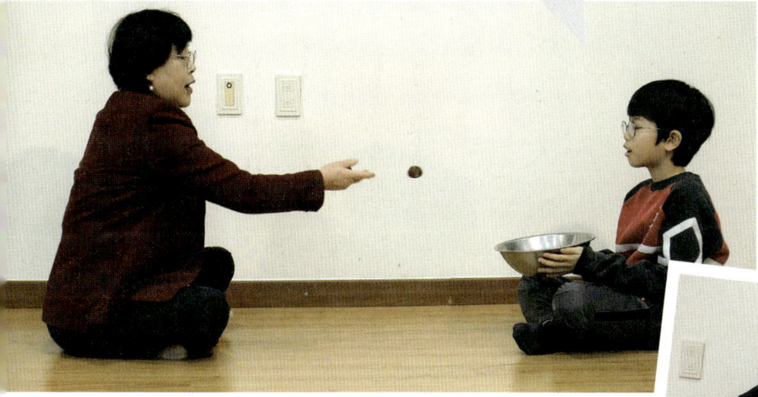

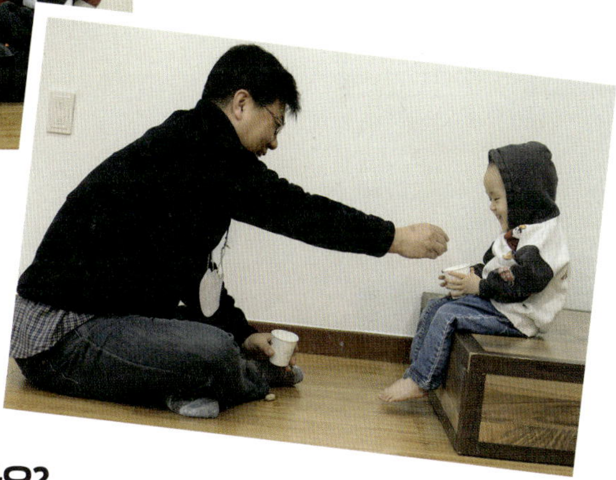

❷ 내가 감사하며 받아야 하는 것은 무엇일까요?

하나님은 우리 가정의 하나님이 되어주십니다.

하나님은 우리를 창조하셨으며, 우리를 자기 백성 삼아주셨습니다.

하나님은 영원토록 우리의 목자가 되어주십니다.

그러므로 우리는 어떠한 환경 속에서도 하나님으로 인한 감사와 송축을 멈추면 안 됩니다.

Play 모든 사람이 둥글게 마주 앉은 상태에서 자신이 가지고 있는 열매를 서로에게 굴립니다. 이때 열매를 굴릴 때는 "앗싸!"라고 외치며, 열매를 받을 때는 "감사!"라고 말합니다.

Talk

하나님이 주신 감사의 열매를 받아 봅시다.

앗싸 감사! 앗싸 감사! 앗싸 감사!

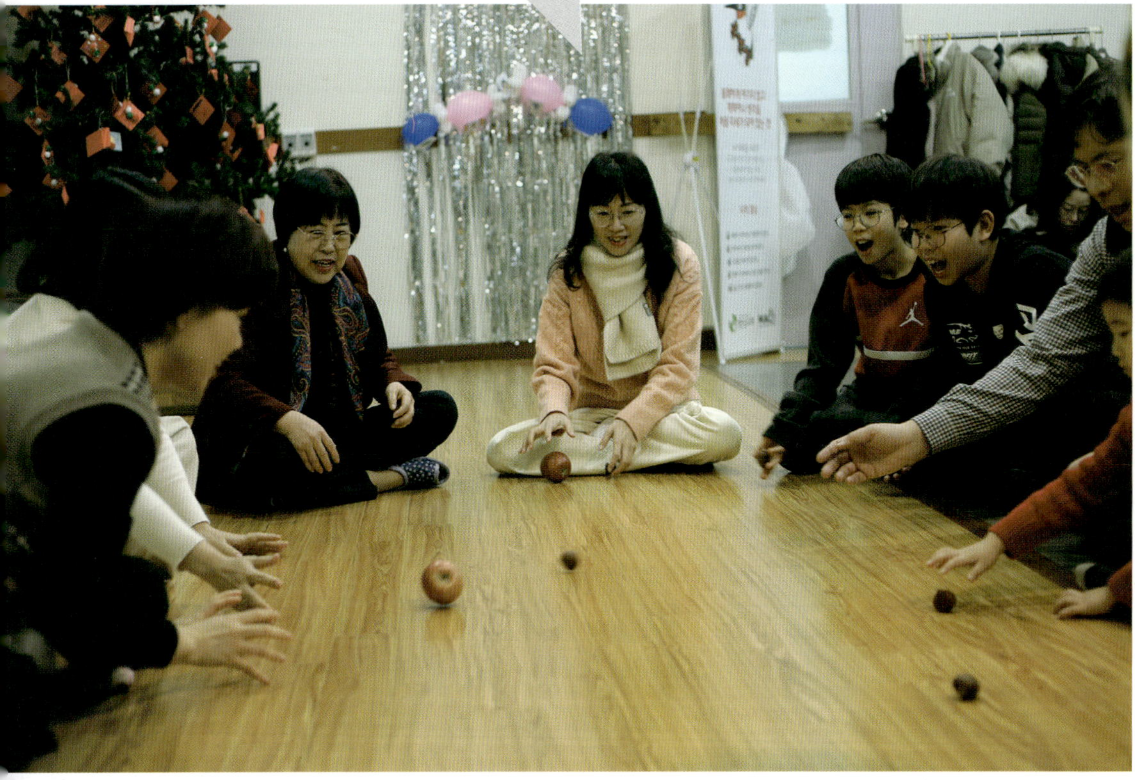

기도 하나님, 우리의 환경이 힘들고 어려울지라도 하나님을 향한 감사가 멈추지 않게 해주세요. 하나님이 우리의 하나님이라는 사실만으로 감사하며 송축하는 가정이 되게 해주세요. 예수님의 이름으로 기도합니다. 아멘.

33 감사로 염려를 물리치다

빌립보서 4장 6-7절

준비물 | 다양한 열매(호두, 밤, 솔방울, 땅콩 등), 종이컵 12개, 펜

주제찬양

말씀터

- 아무 것도 염려하지 말고 다만 모든 일에 기도와 간구로, 너희 구할 것을 감사함으로 하나님께 아뢰라
- 그리하면 모든 지각에 뛰어난 하나님의 평강이 그리스도 예수 안에서 너희 마음과 생각을 지키시리라

복음놀이터

① 감사하기 시작하면, 마음속에서 어떤 일이 일어날까요?

바울은 힘들고 고된 전도 여행을 하면서 날마다 하나님께 감사와 찬송을 올렸습니다.

감사는 미움, 슬픔, 불평, 걱정을 물리치는 힘이 있습니다.

감사의 한마디는 우리의 하루를 환하게 밝혀 줍니다.

마음이 캄캄할 때, 하나님을 향한 감사는 어둠을 물리치는 빛이 되어줍니다.

Play 불평을 상징하는 종이컵 12개를 세우고, 감사의 가을 열매를 던져서 넘어뜨리는 놀이입니다. 종이컵 안쪽 바닥에 1부터 12까지 점수를 적은 후, 넘어뜨린 불평의 점수를 합산해 승부를 가립니다. 감사의 열매를 던질 때는 "감사의 파워!"라고 구호를 외칩니다.

감사의 열매를 던져서 불평의 마음을 모두 넘어뜨려 봅시다.
감사의 파워! 감사의 파워! 감사의 파워!

열매

❷ 하나님께 감사한 것을 고백해 봅시다.

하나님을 향한 감사의 마음은 죄로 인해 더러워진 마음을 강력하게 물리칩니다.

"하나님, 우리의 하나님이 되어주셔서 감사합니다."

"우리를 창조해주셔서 감사합니다."

"우리를 하나님의 자녀 삼아주셔서 감사합니다."

"우리의 목자가 되어주셔서 감사합니다."

Play 테이블 한쪽에 종이컵을 일직선으로 세웁니다. 반대편에 감사의 열매를 놓고, 손가락으로 튕겨서 불평의 종이컵을 떨어뜨립니다. 테이블 아래로 떨어진 종이컵의 점수를 합산하여 승부를 가립니다. 열매를 던지거나 튕길 때 "감사의 파워!"라고 구호를 외칩니다.

> 감사의 열매를 튕겨서 불평의 마음을 모두 넘어뜨려 봅시다.
> 감사의 파워! 감사의 파워! 감사의 파워!

Talk

기도 하나님, 하나님을 향한 감사의 고백이 멈추지 않는 가정이 되게 해주세요. 우리의 입술을 다스려주셔서, 모든 불평과 불만과 좌절과 슬픔의 소리는 사라지고 감사와 소망의 고백이 가득하게 해주세요. 예수님의 이름으로 기도합니다. 아멘.

열매

34 하나님을 송축하다

시편 34편 1-4절

준비물 | 다양한 열매(호두, 밤, 솔방울 등), 계란판, 복음색깔 스티커
(파란색, 빨간색, 초록색, 노란색)

주제찬양

말씀터

- 내가 여호와를 항상 송축함이여 내 입술로 항상 주를 찬양하리이다
- 내 영혼이 여호와를 자랑하리니 곤고한 자들이 이를 듣고 기뻐하리로다
- 나와 함께 여호와를 광대하시다 하며 함께 그의 이름을 높이세
- 내가 여호와께 간구하매 내게 응답하시고 내 모든 두려움에서 나를 건지셨도다

복음놀이터

① 우리는 왜 하나님을 송축해야 할까요?

우리는 날마다 나의 하나님을 송축하며 찬양해야 합니다.

나를 창조하신 하나님은 영원히 나와 함께하십니다.

하나님의 아들 예수님은 나를 대신해서 십자가에 피 흘려 주셨습니다.

하나님은 나에게 죄와 싸워 이길 수 있는 부활생명을 주셨습니다.

하나님은 죄인이었던 나를 하나님의 자녀 삼아 주셨습니다.

Play 복음색깔(빨간색, 노란색, 초록색, 파란색, 하얀색) 스티커를 계란판 안에 골고루 붙입니다. 계란판 안에 작은 크기의 열매를 넣어 뚜껑을 닫고 흔듭니다. "송축해! 송축해! 하나님을 송축해!"라고 구호를 외칩니다. 구호가 끝나면 뚜껑을 열어서, 감사열매가 들어있는 자리의 스티커 색깔에 관련된 내용을 송축합니다.

열매가 들어간 복음색깔에 맞게 하나님을 송축하며 찬양해 봅시다.

(빨간색 스티커) 십자가 예수님 보내주신 하나님을 송축합니다
(노란색 스티커) 하나님의 자녀 삼아주신 하나님을 송축합니다
(파란색 스티커) 나의 하나님 되어주신 하나님을 송축합니다
(초록색 스티커) 영원한 생명 주신 하나님을 송축합니다
(하얀색 스티커) 나의 죄를 씻어주신 하나님을 송축합니다

진행 팁
〈송축 송축합니다〉 찬양을 함께 부르며, 하나님을 왜 송축해야 할지 생각해 봅니다.

❷ 우리는 왜 하나님을 송축해야 할까요?

송축은 하나님께 몸과 마음을 바쳐서 감사와 찬송을 드리는 것입니다.
우리는 항상 하나님을 송축해야 합니다.
우리는 날마다 하나님을 자랑해야 합니다.
우리는 하나님의 이름을 높이며 찬양해야 합니다.

Play 계란판 안에 색깔 스티커 대신, '감사이름, 감사장소, 감사물건, 감사추억, 감사음식'과 같은 질문을 적습니다. 작은 열매 하나를 넣은 후 흔듭니다. 감사열매가 들어있던 자리에 적힌 질문에 답하면서 하나님을 송축합니다.

Talk
감사열매가 들어간 자리에 적힌 질문을 읽고 답해 보세요.
- 하나님이 만나게 해주신 감사한 사람은 누구인가요?
- 하나님이 인도하신 감사의 장소는 어디인가요?
- 하나님이 사용하게 하신 감사한 물건은 무엇인가요?
- 하나님이 계획하신 감사한 추억은 무엇인가요?
- 하나님이 먹여주신 감사한 음식은 무엇인가요?

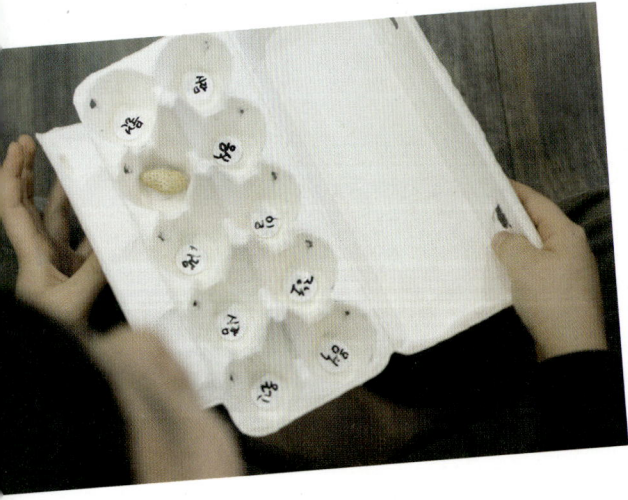

기도 하나님, 모든 것이 하나님이 우리에게 주신 선물입니다. 하나님이 주신 은혜의 선물에 감사드립니다. 매일매일 하나님의 은혜에 감사하며 송축하는 가정이 되게 해주세요. 예수님의 이름으로 기도합니다. 아멘.

35 예수님 안에서 열매 맺다

요한복음 15장 4-5절

준비물 | 나뭇가지, 캔버스 액자, 감사열매, 목공풀
재료가 없다면 | 캔버스 액자 대신 흰색 종이

주제찬양

말씀터

- 내 안에 거하라 나도 너희 안에 거하리라 가지가 포도나무에 붙어 있지 아니하면 스스로 열매를 맺을 수 없음 같이 너희도 내 안에 있지 아니하면 그러하리라
- 나는 포도나무요 너희는 가지라 그가 내 안에, 내가 그 안에 거하면 사람이 열매를 많이 맺나니 나를 떠나서는 너희가 아무 것도 할 수 없음이라

복음놀이터

① 나는 예수님께 잘 붙어 있는 가지인가요?

십자가 모양을 보니까 누가 떠오르나요? (예수님이 떠오릅니다.)

하나님은 우리에게 예수님을 보내 주셨습니다.

우리는 모두 예수님 옆에 꼭 붙어 있어야 많은 열매를 맺습니다.

예수님을 떠나면 우리는 그 어떤 열매를 맺지 못하며, 아무것도 할 수 없습니다.

Play 캔버스 액자 위에 나뭇가지를 연결하여 십자가 모양을 만든 후, 예수님 이야기를 합니다. 십자가 모양의 나뭇가지에 다른 나뭇가지를 연결하여 놓습니다. 십자가 나무를 함께 보며, 우리 모두 예수님의 십자가에 꼭꼭 붙어 있을 때 감사와 행복의 열매가 가득 열린다는 것을 함께 이야기합니다.

열매

나는 작고 연약한 나뭇가지입니다.
예수님의 십자가에 '나'를 상징하는 나뭇가지를 붙여 보세요.

진행팁
진행자가 나뭇가지를 캔버스 위에 십자가 모양으로 놓은 후 진행합니다.

❷ **예수님의 십자가 나무에 붙어 있으면 어떤 일이 일어날까요?**

예수님 십자가 나무에 붙어 있으면 기쁨의 열매가 주렁주렁 열립니다.

예수님 십자가 나무에 붙어 있으면 생명의 열매가 주렁주렁 열립니다.

예수님 십자가 나무에 붙어 있으면 사랑의 열매가 주렁주렁 열립니다.

예수님 십자가 나무에 붙어 있으면 감사의 열매가 주렁주렁 열립니다.

Play 십자가 나무에 열매를 하나씩 올리면서 감사의 고백을 합니다.

기도 하나님, 우리를 하나님의 자녀 삼아주셔서 감사합니다. 우리 가정의 목자가 되어주셔서 감사합니다. 언제, 어디서나 하나님만으로 감사하고 찬양하는 가정이 되게 해주세요. 예수님의 이름으로 기도합니다. 아멘.

열매

PART 3

신앙교육을 활성화시키는
복음놀이 리부트
스타트

우리는 예수님의 몸입니다.
털실은 온 세대를 예수님의 한 몸 되게 하는 복음과 닮았습니다.
털실을 전달하고, 그물을 만들며
복음을 매력적이고 역동적으로 경험할 수 있습니다.
복음색깔 털실에 사랑의 마음을 담아 전달하다 보면
공동체를 향한 사랑이 뜨거워집니다.

만일 한 지체가 고통을 받으면 모든 지체가 함께 고통을 받고 한 지체가 영광을 얻으면
모든 지체가 함께 즐거워하느니라 _ 고린도전서 12장 26절

36 가정이 탄생하다

창세기 2장 20-25절

준비물 | 털실, 풍선, 유성펜

주제찬양

말씀터

- 아담이 모든 가축과 공중의 새와 들의 모든 짐승에게 이름을 주니라 아담이 돕는 배필이 없으므로
- 여호와 하나님이 아담을 깊이 잠들게 하시니 잠들매 그가 그 갈빗대 하나를 취하고 살로 대신 채우시고
- 여호와 하나님이 아담에게서 취하신 그 갈빗대로 여자를 만드시고 그를 아담에게로 이끌어 오시니
- 아담이 이르되 이는 내 뼈 중의 뼈요 살 중의 살이라 이것을 남자에게서 취하였은즉 여자라 부르리라 하니라
- 이러므로 남자가 부모를 떠나 그의 아내와 합하여 둘이 한 몸을 이룰지로다
- 아담과 그의 아내 두 사람이 벌거벗었으나 부끄러워하지 아니하니라

복음놀이터

1 가정은 어떻게 탄생했을까요?

하나님은 아담을 잠들게 하신 후에 아담의 갈비뼈를 이용해서 하와를 창조하셨습니다.
아담과 하와는 하나님 앞에서 결혼하여 하나의 몸을 이루었습니다.
드디어 하나님이 창조하신 최고의 걸작품인 가정이 탄생하였습니다.
하나님은 하나님의 형상대로 만든 아담과 하와가 가정을 이루자
복을 주시며 매우 기뻐하셨습니다.

Play 한 팀은 둥글게 모여 앉은 후, 원 바깥을 보고 앉습니다. 다른 한 팀은 복음털실을 잡고, 원 바깥을 돌면서 둥글게 털실을 감습니다. 털실이 견고하게 감아졌으면, 두 팀이 털실 울타리를 함께 잡은 채로 마주보고 앉습니다. 이어서 마주 보고 있던 사람에게 털실 뭉치를 던지고, 동시에 털실 한 가닥을 붙잡습니다. 이때 털실의 색깔에 담긴 복음의 의미를 외치며 던집니다. 계속해서 복음 털실을 서로에게 던져 모든 사람을 이어주는 견고한 복음그물을 만듭니다.

Talk 하나님이 우리 가정을 창조하셨습니다.
복음색깔 털실로 모든 사람을 연결하여서 멋진 가정을 만들어 봅시다.
(하늘색 털실을 던지며) 하나님!   (빨간색 털실을 던지며) 예수님!
(초록색 털실을 던지며) 생명!   (노란색 털실을 던지며) 자녀!

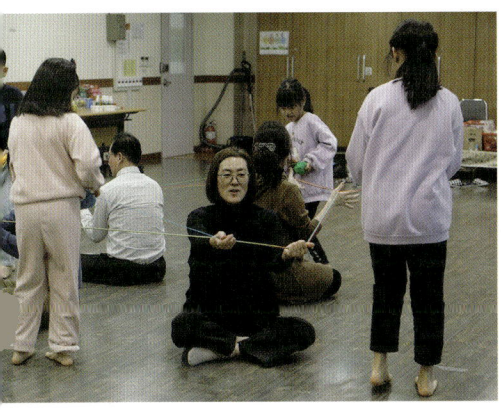

❷ **하나님은 어떤 가정이 세워지길 기대하실까요?**

하나님은 가정을 통해서 자녀들에게 믿음이 계속해서 전해지길 열망하십니다.
하나님은 이 세상에 하나님을 믿는 가정이 가득해지는 소원을 품고 계십니다.
우리는 하나님이 창조하신 최고의 작품인 가정을 소중하게 지키고 보호해야 합니다.
우리 가정을 지키고 보호할 수 있는 것은 오직 복음입니다.
복음으로 가득 찬 가정이 될 때, 어떠한 환경 속에서도 넘어지지 않는 가정이 됩니다.

Play 앞의 활동에서 만든 복음그물은 복음으로 가득 찬 가정을 상징합니다.
<싹트네> 찬양을 개사한 찬양곡을 부르면서 복음그물을 잡고 돌거나 흔듭니다.

Talk 찬양곡에 맞추어서 복음그물을 잡고 둥글게 돌거나 흔들어 봅시다.
♪ 싹트네 싹터요 우리집에 복음을 (×2)
  밀려오는 파도처럼 복음이 싹터요
  싹트네 싹터요 우리집에 복음을

기도 하나님, 우리에게 가정을 창조해주셔서 감사합니다. 우리의 자녀들이 하나님이 기뻐하시는 믿음의 가정을 세우는 믿음의 부모가 되게 해주세요. 예수님의 이름으로 기도합니다. 아멘.

37 우리는 그리스도의 몸이다 고린도전서 12장 24-27절

준비물 | 복음색깔 털실(하늘색 또는 파란색, 빨간색, 초록색, 노란색)

주제찬양

말씀터

- 우리의 아름다운 지체는 그럴 필요가 없느니라 오직 하나님이 몸을 고르게 하여 부족한 지체에게 귀중함을 더하사
- 몸 가운데서 분쟁이 없고 오직 여러 지체가 서로 같이 돌보게 하셨느니라
- 만일 한 지체가 고통을 받으면 모든 지체가 함께 고통을 받고 한 지체가 영광을 얻으면 모든 지체가 함께 즐거워하느니라
- 너희는 그리스도의 몸이요 지체의 각 부분이라

복음놀이터

① 예수님을 믿는 사람들이 하나의 몸이 되면, 서로에게 어떻게 대할까요?

예수님을 믿으면 신기한 일이 일어납니다.

예수님을 믿는 사람들이 예수님의 몸이 됩니다.

몸의 지체가 서로 돌보며 돕듯이, 서로 돌보며 돕습니다.

예수님의 뜨거운 사랑으로 서로를 '너'가 아닌 '나'로 여기며 사랑하게 됩니다.

예수님을 믿는 믿음이 클수록 교회와 가정은 더욱 견고하게 하나가 됩니다.

Play 모든 사람이 둥글게 모여 앉습니다. 한 사람이 복음털실 한 가닥을 잡고, 털실 뭉치를 다른 사람에게 던지며 칭찬합니다. 털실을 넘겨받은 사람은 같은 방법으로 털실 한 가닥을 잡고 다른 사람에게 복음 털실 뭉치를 던지며 다음 사람을 칭찬합니다. 한 가지 털실만으로 진행하다가 차츰 익숙해지면, 네 가지의 털실로 동시에 진행합니다. 칭찬하는 말이 많아질수록 사람들을 둘러싼 복음털실이 견고해지는 것을 확인할 수 있습니다.

털실

서로에게 복음을 전하며 칭찬합시다.
(털실을 던지며) 눈이 아름답습니다.
(털실을 던지며) 목소리가 매력적입니다.

❷ 우리 교회와 가정에 믿음이 사라지면 어떻게 될까요?

예수님을 향한 믿음이 클수록, 공동체는 더욱 견고한 한 몸이 됩니다.

몸 가운데 다툼과 분쟁이 사라지고, 서로를 향한 용서와 사랑이 커집니다.

반대로 예수님을 향한 믿음이 작아질수록, 공동체는 하나가 되지 못하고 흩어집니다.

몸 가운데 다툼과 분쟁이 잦아지고, 서로를 향한 오해와 미움이 커집니다.

Play 모두 함께 완성된 복음그물을 붙잡고 일어섭니다. 모두를 하나로 이어주는 복음그물을 잡고 <달팽이 집> 노래를 개사하여 부릅니다. 가사 중 '점점 크게!'가 나올 때는 뒤로, '점점 작게!'가 나올 때는 가운데로 모입니다.

찬양곡에 맞추어서 복음그물을 잡고 둥글게 돌거나 안과 밖으로 움직여 봅시다.

♪예수님 몸을 세워갑니다. 아름답게 세워갑니다.

점점 크게 점점 크게, 점점 작게 점점 작게!

예수님 몸을 세워갑니다. 아름답게 세워갑니다.

기도 하나님, 우리가 속한 교회와 가정에 믿음의 고백이 날마다 새롭고 풍성해지게 해주세요. 믿음의 고백이 가득 쌓이며, 모든 오해와 미움이 사라지게 해주세요. 예수님의 이름으로 기도합니다. 아멘.

38 감사의 열매를 맺다

데살로니가전서 5장 16-18절

준비물 | 복음색깔 털실(하늘색 또는 파란색, 빨간색, 초록색, 노란색), 빨래집게 여러 개, 초록색 종이, 펜

주제찬양

말씀터
- 항상 기뻐하라
- 쉬지 말고 기도하라
- 범사에 감사하라 이것이 그리스도 예수 안에서 너희를 향하신 하나님의 뜻이니라

복음놀이터

❶ 우리는 왜 모든 일에 감사해야 할까요?

죄인인 우리는 하나님의 은혜로 죄에서 구원받아 하나님의 자녀가 되었습니다.

하나님의 은혜가 없었다면, 우리는 존재 그 자체로 죄인이며 죽음으로 가는 인생입니다.

우리는 어떤 환경에 처하든지 항상 기뻐하며, 하나님께 감사해야 합니다.

모든 것이 내 것이며, 내가 한 일이라고 생각한다면 결코 감사할 수 없습니다.

모든 것이 하나님의 것이고, 하나님이 하신 일이라고 여긴다면 항상 감사할 수 있습니다.

Play 종이에 하나님을 향한 감사의 고백을 적은 후, 집게를 이용해서 복음색깔 털실에 답니다. 모두 완성한 후에 돌아가면서 발표합니다.

하나님을 향한 감사가 가득한 감사나무를 만들어 봅시다.
하나님께 감사한 마음을 종이에 적어서 복음색깔 털실에 달아 보세요.

진행팁

사전에 두 개의 지지대를 적당한 간격(2-3m)으로 두고, 복음색깔 털실 양쪽 끝을 팽팽하게 고정합니다.

❷ 감사하면 할수록 어떤 변화가 찾아올까요?

감사의 고백이 많이 쌓이면, 우리가 살아가는 그곳이 아름다운 감사나무 숲이 됩니다.

하나님과 가까운 사람들에게 감사한 마음을 감추지 말고, 즉시 표현해 보세요.

감사는 하나님의 뜻을 이루는 아름다운 언어입니다.

Play 종이에 가족과 이웃을 향한 감사의 고백을 적은 후, 집게를 이용해서 해당 사람의 몸에 종이를 달아봅니다. 모든 활동을 완료한 후에는 서로에게 붙여준 종이의 내용을 읽으며 감사한 마음을 고백하는 시간을 갖습니다.

털실

우리 모두 감사의 고백이 가득한 감사나무로 변신해 봅시다.
서로에게 감사한 마음을 종이에 표현해 보세요.
감사의 고백을 적은 종이를 그 사람의 몸에 붙여 보세요.

기도 하나님, 우리 가정에 예수님 안에서 누릴 수 있는 기쁨과 감사가 날마다 풍성하게 해주세요. 입술을 다스려주셔서, 하나님과 이웃을 향한 감사의 고백이 항상 흘러나오게 해주세요. 예수님의 이름으로 기도합니다. 아멘.

39 마음을 개혁하다

로마서 1장 16-17절

준비물 | 복음색깔 털실(하늘색 또는 파란색, 빨간색, 노란색, 초록색), 스티로폼 상자, 골프티, 안전망치, 선물

주제찬양

말씀터

- 내가 복음을 부끄러워하지 아니하노니 이 복음은 모든 믿는 자에게 구원을 주시는 하나님의 능력이 됨이라 먼저는 유대인에게요 그리고 헬라인에게로다
- 복음에는 하나님의 의가 나타나서 믿음으로 믿음에 이르게 하나니 기록된 바 오직 의인은 믿음으로 말미암아 살리라 함과 같으니라

복음놀이터

❶ 우리가 구원받을 수 있는 방법은 무엇인가요?

중세 시대의 로마 가톨릭교회는 부를 축적하기 위해 시민들에게 면죄부를 판매하였습니다.
면죄부를 사면 누구든지 모든 죄를 용서받고 천국에 갈 수 있다고 하였습니다.
심지어 죽은 가족과 친지를 위해 면죄부를 사도 그들의 죄가 사라진다고 하였습니다.
많은 사람이 교황의 말을 진리로 믿고 면죄부를 샀습니다.
루터는 로마서 1장 17절 말씀을 통해 진리를 깨달은 후
비텐베르크 성당 문에 95개의 반박문을 붙였습니다.
그곳에 붙인 반박문의 핵심 주제는 다음과 같습니다.
"인간의 노력과 행위로는 결코 구원받을 수 없습니다. 예수님을 믿는 믿음으로만 구원받을 수 있습니다."

Play 스티로폼 상자에 예수님을 향한 사랑의 마음을 표현하는 그림을 그린 후에, 선을 따라서 골프티를 일정한 간격으로 박습니다. 골프티 사이에 복음색 털실을 걸어서 면을 채웁니다.

털실

> 우리의 마음이 복음으로 가득 찬 마음이 되도록 마음상자를 꾸며 봅시다. **Talk**

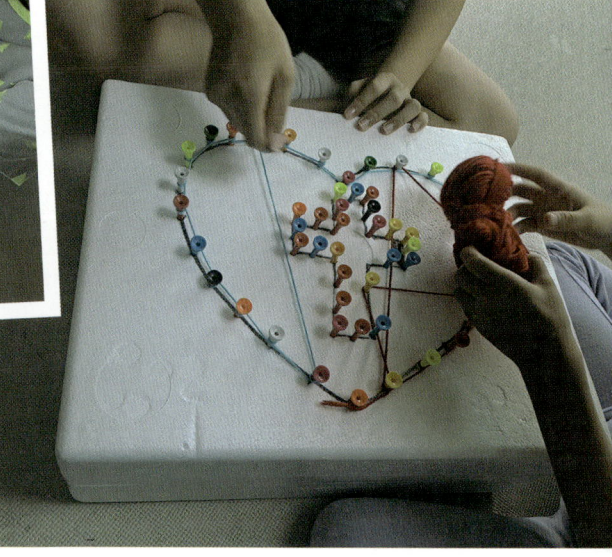

❷ **하나님은 왜 나를 구원해주셨을까요?**

하나님은 우리 대신 아들 예수님을 십자가에 달리게 하셨습니다.

우리의 노력으로 하나님께 구원받은 것이 아니라

하나님이 우리를 구원하기 위해 예수님을 보내셨습니다.

거룩하고 빛나는 예수님이 직접 오셔서 우리의 모든 죄악을 보혈로 덮어주셨습니다.

이 놀라운 사실을 믿으면, 누구든지 하나님의 구원을 선물로 받게 됩니다.

Play 복음이 가득 찬 마음상자가 완성되면, 마음상자 안에 선물을 가득 담아 전달합니다.

죄가 가득한 쓰레기통이었던 내 마음이 구원의 선물로 가득한 보석함이 되었습니다. 하나님은 나를 아무 조건 없이 사랑해주시고 의롭게 여겨 주셨습니다.
완성된 마음 상자 안에 서로를 향한 선물을 가득 담아 보세요.

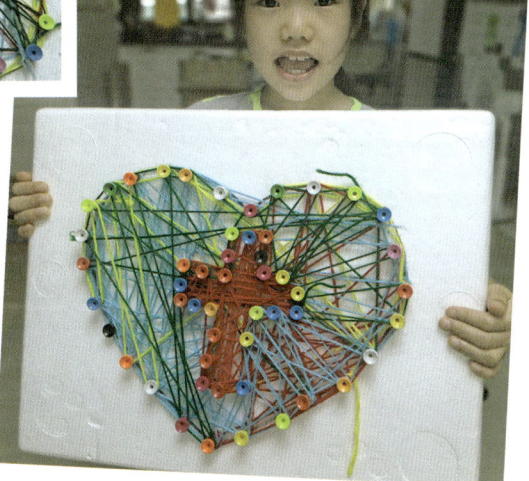

기도 하나님, 우리 마음에 하나님을 향한 순수한 믿음을 주세요. 날마다 하나님이 베풀어 주신 구원의 은혜에 감격하며 감사하는 가정이 되게 해요. 예수님의 이름으로 기도합니다. 아멘.

PART 3

신앙교육을 활성화시키는
복음놀이 리부트
스타트

종이컵

우리는 복음을 담아서 온 세상에 전하는 그릇입니다.
종이컵은 복음을 담아서 전해야 할 우리의 존재와 닮았습니다.
종이컵을 쌓고, 전달하고, 뒤집으며
복음을 매력적이고 역동적으로 경험할 수 있습니다.
복음색깔의 탁구공을 종이컵에 받고 전달하다 보면
복음을 향한 열정이 커집니다.

 천사가 이르되 무서워하지 말라 보라 내가 온 백성에게 미칠 큰 기쁨의 좋은 소식을 너희에게 전하노라 오늘 다윗의 동네에 너희를 위하여 구주가 나셨으니 곧 그리스도 주시니라 _ 누가복음 2장 10-11절

40 기쁜 소식을 전하다

누가복음 2장 10-14절

준비물 | 종이컵 여러 개, 탁구공(하늘색, 빨간색, 노란색, 초록색)

주제찬양

말씀터

- 천사가 이르되 무서워하지 말라 보라 내가 온 백성에게 미칠 큰 기쁨의 좋은 소식을 너희에게 전하노라
- 오늘 다윗의 동네에 너희를 위하여 구주가 나셨으니 곧 그리스도 주시니라
- 너희가 가서 강보에 싸여 구유에 뉘어 있는 아기를 보리니 이것이 너희에게 표적이니라 하더니
- 홀연히 수많은 천군이 그 천사와 함께 하나님을 찬송하여 이르되
- 지극히 높은 곳에서는 하나님께 영광이요 땅에서는 하나님이 기뻐하신 사람들 중에 평화로다 하니라

복음놀이터

① 나에게 기쁜 소식은 무엇인가요?

하나님께서 우리에게 전해주신 기쁜 소식이 있습니다.

"나는 하나님의 작품이며, 하나님이 함께하는 사람입니다."

"나는 예수님의 십자가 보혈로 죄 씻음을 받았습니다."

"나는 예수님의 부활 생명으로 새사람이 되었습니다."

"나는 예수님을 믿어 하나님의 자녀가 되었습니다."

Play 두 사람이 마주 보고 앉습니다. 한 사람이 복음색깔의 탁구공을 상대편 쪽으로 굴리면, 상대방은 종이컵을 엎어서 공을 잡습니다. 빨간색 탁구공을 굴릴 때는, 해당 색깔의 복음 단어인 "예수님!"이라고 말합니다. 탁구공을 종이컵으로 받을 때는 "아멘!"이라고 말하며 받습니다.

기쁜 소식을 믿음으로 받아 봅시다.

(하늘색 탁구공을 굴리며) 하나님!   (탁구공을 받으며) 아멘!
(빨간색 탁구공을 굴리며) 예수님!   (탁구공을 받으며) 아멘!
(초록색 탁구공을 굴리며) 생명!   (탁구공을 받으며) 아멘!
(노란색 탁구공을 굴리며) 자녀!   (탁구공을 받으며) 아멘!

❷ 우리 주변에 복음이 필요한 사람은 누구일까요?

복음을 모르는 사람은 죄와 죽음 가운데 죽어가는 사람입니다.

그 사람들에게 필요한 것은 좋은 음식과 좋은 집이 아니라 바로 복음입니다.

하나님이 없는 사람들에게 하나님을 전해 보세요.

예수님이 없는 사람들에게 예수님을 전해 보세요.

종이컵

생명이 없는 사람들에게 생명을 전해 보세요.

하나님의 자녀가 아닌 사람들에게 하나님의 자녀 됨을 전해 보세요.

Play 두 사람이 마주 앉습니다. 두 사람 모두 양손에 종이컵을 두 개씩 잡은 후, 복음색깔의 공을 상대편 쪽으로 밀어줍니다. 탁구공을 상대 쪽을 향해 밀 때마다 복음색깔에 해당되는 복음 단어(하나님, 예수님, 자녀, 생명 등)를 외칩니다.

Talk 기쁜 소식을 전해 봅시다.
(하늘색 탁구공을 굴리며) 하나님! (빨간색 탁구공을 굴리며) 예수님!
(초록색 탁구공을 굴리며) 생명!   (노란색 탁구공을 굴리며) 자녀!

진행 팁 두 팀 사이에 구분선을 표시하면, 제한 시간 내에 어느 팀에 복음색깔 탁구공이 더 많이 전달되었는지 확인할 수 있습니다. 복음을 많이 전한 팀과 복음을 많이 받은 팀 모두를 축하해줍니다.

기도 하나님, 복음의 능력을 일상에서 경험하는 가정이 되게 해주세요. 날마다 복음을 믿음으로 받고, 주변에 널리 전하는 가정이 되게 해주세요. 예수님의 이름으로 기도합니다. 아멘.

41 천국 복음을 전파하다

마태복음 4장 23-24절

준비물 | 종이컵 여러 개, 탁구공(하늘색, 빨간색, 노란색, 초록색)

주제찬양

말씀터

- 예수께서 온 갈릴리에 두루 다니사 그들의 회당에서 가르치시며 천국 복음을 전파하시며 백성 중의 모든 병과 모든 약한 것을 고치시니
- 그의 소문이 온 수리아에 퍼진지라 사람들이 모든 앓는 자 곧 각종 병에 걸려서 고통당하는 자, 귀신 들린 자, 간질하는 자, 중풍병자들을 데려오니 그들을 고치시더라

복음놀이터

❶ 예수님이 전하신 천국 복음은 어떤 내용일까요?

우리는 모두 죄의 병을 가지고 태어났습니다.
이 병을 고칠 수 있는 분은 한 분, 예수 그리스도입니다.
예수 그리스도를 믿어야만 죄의 병을 고칠 수 있습니다.
예수님은 이 놀라운 천국 복음을 전하기 위해 이 세상에 오셨습니다.

Play 모든 사람이 종이컵을 하나씩 들고 일렬로 나란히 앉습니다. 제일 앞에 앉은 사람이 복음 색깔의 탁구공을 종이컵에 담은 후, 옆 사람의 종이컵으로 전달합니다. 탁구공을 전달하며, 공의 색깔에 해당하는 복음 단어를 말해 봅니다. 공을 건네받는 사람도 복음 단어를 똑같이 말하며 옆 사람에게 전달합니다. 두 팀으로 진행할 경우, 제한 시간 내에 마지막 사람에게 복음색깔의 탁구공을 가장 많이 전달한 팀이 승리합니다.

종이컵

천국 복음을 전파해 봅시다!
(하늘색 탁구공을 전달하며) 하나님!　(빨간색 탁구공을 전달하며) 예수님!
(초록색 탁구공을 전달하며) 생명!　(노란색 탁구공을 전달하며) 자녀!

❷ 복음을 잘 전할 수 있는 비결은 무엇일까요?

하나님은 복음이 내가 사는 지역뿐 아니라 세계 모든 나라에 전해지길 원하십니다.

아프리카 밀림에도, 사하라 사막에도, 시베리아와 알래스카까지 복음이 전해지기를 원하십니다.

예수님처럼 어디를 가든지, 누구를 만나든지 복음을 열심히 전해야 합니다.

Play 모든 사람이 종이컵을 하나씩 들고 일렬로 앉습니다. 모두 앞을 보고 앉은 후, 뒤에 앉아있는 사람의 종이컵에 복음색깔의 탁구공을 전달합니다. 이때 앞을 보는 상태로 뒤에 있는 사람을 향해 공을 떨어뜨립니다. 뒷사람은 앞사람의 공을 자신의 종이컵으로 받은 후, 다시 뒷사람에게 전달합니다. 탁구공을 전달하며, 공의 색깔에 해당하는 복음 단어를 말합니다. 제한 시간 내에 가장 많은 복음색깔 탁구공을 모은 팀이 승리합니다.

천국 복음을 전파해 봅시다!
(하늘색 탁구공을 전달하며) 하나님! (빨간색 탁구공을 전달하며) 예수님!
(초록색 탁구공을 전달하며) 생명! (노란색 탁구공을 전달하며) 자녀!

기도 하나님, 땅끝까지 복음이 전해져서, 모든 민족이 예수님을 믿고 영원한 생명을 누리게 해주세요. 우리 가정을 통해서 복음 전파가 일어나게 해주세요. 예수님의 이름으로 기도합니다. 아멘.

종이컵

42 그리스도를 전파하다

사도행전 8장 4-8절

준비물 | 종이컵 여러 개, 풍선, 복음색깔 탁구공
(하늘색, 빨간색, 노란색, 초록색)

주제찬양

말씀터

- 그 흩어진 사람들이 두루 다니며 복음의 말씀을 전할새
- 빌립이 사마리아 성에 내려가 그리스도를 백성에게 전파하니
- 무리가 빌립의 말도 듣고 행하는 표적도 보고 한마음으로 그가 하는 말을 따르더라
- 많은 사람에게 붙었던 더러운 귀신들이 크게 소리를 지르며 나가고 또 많은 중풍병자와 못 걷는 사람이 나으니
- 그 성에 큰 기쁨이 있더라

복음놀이터

❶ 초대교회 사람들은 핍박당하자 뿔뿔이 흩어져서 무엇을 했나요?

로마는 교회를 핍박했습니다.

예수님을 믿는 사람들은 교회를 향한 핍박이 심해지자 여러 지역으로 뿔뿔이 흩어졌습니다.

아무리 큰 환난과 핍박도 복음을 막을 수 없었습니다.

환난과 핍박이 클수록 복음은 더 강력하게 퍼져나갔습니다.

Play 복음은 우리의 모든 죄를 무너뜨립니다. 종이컵을 이용해 죄의 성을 높이 쌓아봅시다. 종이컵의 밑동을 자른 자리에 풍선을 끼워 복음 로켓을 만듭니다. 풍선으로 만든 로켓 안에 복음색깔 탁구공을 넣어 죄의 성을 향해 발사합니다.

복음색깔 탁구공으로 죄의 성을 무너뜨려 봅시다.

(하늘색 탁구공을 날리며) 하나님! (빨간색 탁구공을 날리며) 예수님!
(초록색 탁구공을 날리며) 생명! (노란색 탁구공을 날리며) 자녀!

진행 팁

종이컵 바닥을 자르고, 풍선의 둥근 부분을 자릅니다.
풍선을 늘려서 종이컵에 끼운 후, 종이컵 안에 탁구공을 넣고 풍선을 잡아당겨 튕깁니다.

❷ **빌립이 사마리아 성에 내려가 복음을 전하자 어떤 일이 일어났나요?**

빌립은 사마리아 성에 내려가 예수 그리스도의 복음을 전파했습니다.

사마리아 성의 많은 사람이 복음을 들었습니다.

복음은 귀신 들린 사람의 몸에서 귀신을 떠나가도록 했습니다.

복음은 사람들의 몸을 고통스럽게 했던 질병을 깨끗이 사라지게 하였습니다.

복음은 사람들의 영혼을 짓눌렀던 죄를 깨끗이 사하였습니다.
미움과 불안과 두려움으로 가득했던 사마리아 성이
복음으로 인해 기쁨이 가득한 성이 되었습니다.

Play 빌립보서 8장 5절 "빌립이 사마리아 성에 내려가 그리스도를 백성에게 전파하니"의 25개 글자를 종이컵의 바깥쪽 바닥에 한 글자씩 적습니다. '시작!' 신호와 함께 종이컵을 바로 세워서 글자를 파악한 후, 팀과 협력하여 성경 구절이 완성되도록 순서대로 나열합니다.

Talk 빌립보서 8장 5절 말씀을 암송한 후에, 종이컵에 적힌 성경구절을 순서대로 나열해 보세요.
빌립이 사마리아 성에 내려가 그리스도를 백성에게 전파하니

기도 하나님, 우리의 공동체가 더욱더 하나가 될 때 복음이 완성됨을 믿습니다. 우리 가정과 교회가 서로 마음이 나뉘지 않고 예수님의 사랑 안에서 더욱 하나가 되게해주세요. 예수님의 이름으로 기도합니다. 아멘.

43 복음을 심다

마태복음 13장 19-23절

준비물 | 종이컵 여러 개, 복음색깔 탁구공(하늘색, 빨간색, 노란색, 초록색)
재료가 없다면 | 종이컵 대신 계란판

주제찬양

말씀터

- 아무나 천국 말씀을 듣고 깨닫지 못할 때는 악한 자가 와서 그 마음에 뿌려진 것을 빼앗나니 이는 곧 길 가에 뿌려진 자요
- 돌밭에 뿌려졌다는 것은 말씀을 듣고 즉시 기쁨으로 받되
- 그 속에 뿌리가 없어 잠시 견디다가 말씀으로 말미암아 환난이나 박해가 일어날 때에는 곧 넘어지는 자요
- 가시떨기에 뿌려졌다는 것은 말씀을 들으나 세상의 염려와 재물의 유혹에 말씀이 막혀 결실하지 못하는 자요
- 좋은 땅에 뿌려졌다는 것은 말씀을 듣고 깨닫는 자니 결실하여 어떤 것은 백 배, 어떤 것은 육십 배, 어떤 것은 삼십 배가 되느니라 하시더라

복음놀이터

① 나의 마음밭은 어떤 상태인가요?

우리의 마음밭은 복음이 심기기에 적합한 상태가 아닙니다.
길가나 돌밭, 가시밭과 같아서 복음이 잘 자라서 열매 맺지 못합니다.
그런데도 하나님은 길가와 돌밭, 가시밭 같은 마음밭에 예수님을 보내주셨습니다.
우리가 예수님을 믿음으로 영접하는 순간, 연약한 마음밭이 좋은 밭으로 바뀝니다.

Play 종이컵 안쪽 바닥에 숫자를 적은 후 모아서 배열합니다. 복음색깔 탁구공을 바닥에 튕기거나 던져서 종이컵 안에 들어가면 성공이며, 종이컵 안에 적힌 숫자만큼의 점수를 획득합니다. 탁구공의 색깔에 담긴 복음의 단어를 외치며 던집니다.

종이컵

나의 마음밭에 복음을 심어 봅시다.

(하늘색 탁구공을 던지며) 하나님!   (빨간색 탁구공을 던지며) 예수님!

(초록색 탁구공을 던지며) 생명!   (노란색 탁구공을 던지며) 자녀!

❷ 마음밭에 복음이 심기면 어떤 변화가 나타날까요?

복음은 살아있고 운동력이 있습니다.

복음이 우리 마음에 심기면 30배, 60배, 100배의 열매를 맺습니다.

복음을 받으면, 하나님의 사람이 됩니다.

복음을 받으면, 예수님의 사람이 됩니다.

복음을 받으면, 생명의 사람이 됩니다.

복음을 받으면, 하나님의 자녀가 됩니다.

Play 종이컵 안쪽 바닥에 복음을 받아야 할 사람들의 이름을 적습니다. 복음색깔 탁구공을 던져서, 탁구공이 들어간 사람의 이름을 부르고 함께 기도하는 시간을 갖습니다. 이때 탁구공의 색깔에 담긴 복음의 단어를 외치며 던집니다.

우리의 마음밭에 복음을 심어 봅시다.
(하늘색 탁구공을 던지며) 하나님!   (빨간색 탁구공을 던지며) 예수님!
(초록색 탁구공을 던지며) 생명!   (노란색 탁구공을 던지며) 자녀!

기도   하나님, 우리에게 살아 있고 운동력 있는 복음을 주셔서 감사합니다. 아직도 복음을 받지 못해 죄와 죽음 가운데 있는 사람들이 있다면, 하루빨리 복음을 받게 해주세요. 예수님의 이름으로 기도합니다. 아멘.

종이컵

44 복음은 사랑이다

요나 4장 10-11절

준비물 | 종이컵 여러 개, 탁구공(하늘색, 빨간색, 노란색, 초록색), 우리나라 지도 큰 그림

주제찬양

말씀터

- 여호와께서 이르시되 네가 수고도 아니하였고 재배도 아니하였고 하룻밤에 났다가 하룻밤에 말라 버린 이 박넝쿨을 아꼈거든
- 하물며 이 큰 성읍 니느웨에는 좌우를 분변하지 못하는 자가 십이만여 명이요 가축도 많이 있나니 내가 어찌 아끼지 아니하겠느냐 하시니라

복음놀이터

① 하나님은 왜 죄악으로 가득한 니느웨에 요나를 보내셨나요?

하나님은 요나 선지자에게 앗수르의 수도인 니느웨에 가서
하나님의 말씀을 전하라고 명령하셨습니다.
요나는 니느웨 사람들이 하나님께 무서운 심판을 받길 바라며 순종하지 않았습니다.
하나님은 요나의 생각을 돌이키기 위해 큰 물고기의 배에 들어가 회개하게 했습니다.
요나는 물고기의 배 속에서 나와, 곧바로 니느웨로 가서 하나님의 말씀을 전했습니다.
얼마 후 니느웨의 왕과 백성이 모든 죄를 회개했습니다.
하나님은 니느웨 사람들이 회개하자 심판을 내리지 않기로 하셨습니다.

Play 우리나라 지도 그림 위에 '죄'를 상징하는 종이컵을 가득 세웁니다. 종이컵이 가득한 지도를 보면서 남한과 북한에 어떤 죄가 가득한지 이야기 나눕니다.

우리나라에 어떤 죄가 있을까요?
종이컵을 우리나라 지도 그림 위에 세우면서 이야기해 보세요.

❷ 죄악이 가득한 남한과 북한을 바라보시는 하나님의 마음은 어떠실까요?

요나는 하나님께서 니느웨 사람들을 용서해주시자 몹시 화가 났습니다.

하나님은 벌레를 보내어 요나에게 시원한 그늘이 되어주던 박넝쿨을 갉아먹게 했습니다.

요나는 박넝쿨이 죽자, 뜨거운 태양 아래에서 몹시 분노했습니다.

그러자 하나님은 요나에게 말씀하셨습니다.

"요나야, 너는 지금 박넝쿨이 죽어서 매우 속상해하는구나. 저 니느웨에 사는 수많은 사람이 죄 가운데에 빠져 죽어가고 있는데, 그것을 바라보는 나의 마음은 얼마나 아프겠느냐. 나는 니느웨 사람들을 아주 많이 사랑한단다."

Play 종이컵 안에 복음색깔 탁구공을 넣습니다. 이때 탁구공의 색깔에 담긴 복음의 단어를 외치며 던집니다. 탁구공을 모두 넣은 후 함께 찬양을 부르고 우리나라를 위해 기도합니다.

죄가 가득한 남한과 북한에 복음을 전해 봅시다.

(하늘색 탁구공을 던지며) 하나님! (빨간색 탁구공을 던지며) 예수님!

(초록색 탁구공을 던지며) 생명! (노란색 탁구공을 던지며) 자녀!

기도 하나님, 남한과 북한의 모든 사람이 하나님을 믿고, 자신의 죄악을 예수님 앞에 회개하게 해주세요. 예수 그리스도의 복음이 온 땅에 가득 전해지게 해주세요. 예수님의 이름으로 기도합니다. 아멘.

45 아름다운 소식을 전하다

이사야 61장 1-3절

준비물 | 종이컵 여러 개, 하트 스티커(파란색, 빨간색, 노란색, 초록색)

주제찬양

말씀터

- 주 여호와의 영이 내게 내리셨으니 이는 여호와께서 내게 기름을 부으사 가난한 자에게 아름다운 소식을 전하게 하려 하심이라 나를 보내사 마음이 상한 자를 고치며 포로된 자에게 자유를, 갇힌 자에게 놓임을 선포하며
- 여호와의 은혜의 해와 우리 하나님의 보복의 날을 선포하여 모든 슬픈 자를 위로하되
- 무릇 시온에서 슬퍼하는 자에게 화관을 주어 그 재를 대신하며 기쁨의 기름으로 그 슬픔을 대신하며 찬송의 옷으로 그 근심을 대신하시고 그들이 의의 나무 곧 여호와께서 심으신 그 영광을 나타낼 자라 일컬음을 받게 하려 하심이라

복음놀이터

❶ 아름다운 소식은 어떤 소식일까요?

하나님은 우리가 아름다운 소식을 전하기를 원하셔요.

아름다운 소식을 받으면, 아픈 마음이 치료됩니다.

아름다운 소식을 받으면, 포로 되어 갇힌 사람이 자유를 얻습니다.

아름다운 소식을 받으면, 슬픔이 기쁨과 즐거움으로 바뀝니다.

아름다운 소식을 받으면, 근심이 찬송으로 바뀝니다.

아름다운 소식은 바로 '예수님'입니다.

Play 종이컵 바깥쪽 바닥에 복음색깔 스티커를 부착합니다. 복음팀과 방해팀으로 나누어 진행합니다. 복음팀은 복음색깔 스티커가 나타나도록 종이컵을 뒤집으며, 방해팀은 복음색깔 스티커가 나타나지 않게 종이컵을 똑바로 세웁니다. 제한 시간 내에 복음 스티커가 더 많이 나타났다면 복음팀이 이기며, 반대로 복음 스티커가 감추어진 컵이 더 많다면 방해팀의 성공입니다.

> 복음팀은 복음이 나타나도록 종이컵을 뒤집고, 방해팀은 복음이 나타나지 않도록 종이컵을 세우세요.

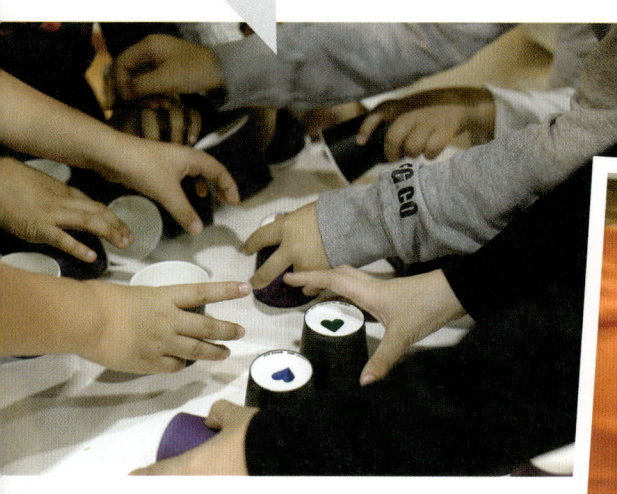

❷ 나를 통해 복음이 드러나는 방법은 무엇일까요?

복음은 죄로 어두워진 세상을 밝히는 빛입니다.

복음은 죽음을 이기는 생명입니다.

우리는 복음을 숨기지 말고, 적극적으로 드러나게 해야 합니다.

우리 집에서, 학교에서, 유치원에서, 학원에서, 길거리 등 모든 곳에서 복음은 나타나야 합니다.

Play 10개의 종이컵의 바깥쪽 밑바닥에 복음색깔 스티커를 붙인 후, 테이블의 가장자리에 일렬로 세워 놓습니다. 이때 밑바닥의 1/4면 정도가 테이블 밖으로 나오게 합니다. 두 팀으로 나누어, 제한 시간 내에 손가락 하나로 종이컵의 밑바닥(테이블 바깥으로 나온 부분)을 쳐서 복음 스티커가 많이 보이도록 세운 팀이 승리합니다.

Talk 검지를 이용해서 종이컵 아래쪽의 복음 스티커가 나타나도록 뒤집어 보세요.

기도 하나님, 우리 안에 복음의 놀라운 능력이 담기길 원합니다. 우리 가정이 가는 곳마다 복음의 생명과 사랑이 나타나도록 복음의 통로로 사용해주세요. 예수님의 이름으로 기도합니다. 아멘.

PART 3

신앙교육을 활성화시키는
복음놀이 리부트
스타트

스카프

하나님은 죄인인 우리에게 복음의 옷을 입혀주셨습니다.
스카프는 아무것도 아닌 존재를 화려하고 아름답게 만들어주는 복음과 닮았습니다.
스카프를 던지거나 흔들고, 서로를 꾸며준다면
복음을 매력적으로 경험할 수 있습니다.
복음색깔 스카프를 흔들고 서로의 몸에다 꾸미다 보면
복음을 향한 열정이 가득해집니다.

그러므로 하나님의 전신 갑주를 취하라 이는 악한 날에 너희가 능히 대적하고 모든 일을 행한 후에 서기 위함이라 _ 에베소서 6장 13절

46 예수님을 영접하다

요한복음 1장 9-12절

준비물 | 복음색깔 스카프(파란색 또는 하늘색, 빨간색, 초록색, 노란색)

주제찬양

말씀터

- 참 빛 곧 세상에 와서 각 사람에게 비추는 빛이 있었나니
- 그가 세상에 계셨으며 세상은 그로 말미암아 지은 바 되었으되 세상이 그를 알지 못하였고
- 자기 땅에 오매 자기 백성이 영접하지 아니하였으나
- 영접하는 자 곧 그 이름을 믿는 자들에게는 하나님의 자녀가 되는 권세를 주셨으니

복음놀이터

❶ 죄로 어두운 세상을 환하게 밝히는 빛은 누구입니까?

죄로 인해 세상 모든 사람의 마음이 캄캄해졌습니다.

하나님은 세상을 죄에서 구원하시기 위해 참 빛을 보내주셨습니다.

참 빛은 한 사람, 한 사람의 마음을 비추는 빛입니다.

참 빛은 바로 하나님의 하나뿐인 아들, 예수 그리스도입니다.

예수 그리스도를 마음에 영접하면, 하나님이 함께하는 사람이 됩니다.

예수 그리스도를 마음에 영접하면, 예수님의 피로 죄가 깨끗해집니다.

예수 그리스도를 마음에 영접하면, 예수님의 부활 생명을 얻습니다.

예수 그리스도를 마음에 영접하면, 하나님의 자녀가 됩니다.

Play 모든 사람이 복음색깔 스카프 한 장을 두 손안에 움켜잡습니다. 진행자가 복음 단어를 넣어서

"○○○ 꽃이 피었습니다!"라고 말하면, 해당 색깔의 스카프를 가지고 있는 사람이 "활짝!"이라고 말하면서 두 손을 펼쳐 스카프를 보여줍니다. 익숙해지면 두 가지 복음단어를 연달아서 불러봅니다.

복음 단어를 듣고, 복음에 연관된 색깔의 스카프 꽃을 활짝 피워 보세요.
하나님 꽃이 피었습니다! (하늘색 스카프 꽃 펼치기)
예수님 꽃이 피었습니다! (빨간색 스카프 꽃 펼치기)
생명 꽃이 피었습니다! (초록색 스카프 꽃 펼치기)
자녀 꽃이 피었습니다! (노란색 스카프 꽃 펼치기)

❷ 많은 사람들은 왜 복음을 받아들이지 않았을까요?

참 빛이신 예수님이 이 땅에 오셨지만, 많은 이들이 예수님을 영접하지 않습니다.

사람들은 복음을 가치 있게 여기지 않았고, 오히려 하찮게 대했습니다.

그러나 예수님을 영접하는 사람들이 있습니다.

예수님을 영접하자, 죄의 종이었던 사람들이 하나님의 자녀가 되었습니다.

복음을 감사히 받으면, 하나님의 자녀가 되는 권세를 누리게 됩니다.

Play 스카프 색깔에 담긴 복음 단어를 외치면서 스카프를 높이 던집니다. 스카프를 받을 때에는 "감사!"라고 외치며 받습니다. 복음색깔의 스카프를 이용해서 혼자 받기, 둘이 서로 주고받기, 여럿이서 받기등의 놀이를 할 수 있습니다.

Talk 복음색깔 스카프를 던지고, 감사하는 마음으로 받아봅시다.

(하늘색 스카프 던지며) "하나님!"   (스카프를 받으며) "감사!"
(빨간색 스카프 던지며) "예수님!"   (스카프를 받으며) "감사!"
(초록색 스카프 던지며) "생명!"   (스카프를 받으며) "감사!"
(노란색 스카프 던지며) "자녀!"   (스카프를 받으며) "감사!"

기도 하나님, 죄인인 우리에게 큰 기쁨의 좋은 소식인 예수님을 보내주셔서 감사합니다. 참된 빛으로 오신 예수님을 향한 감사가 날마다 가득 넘치는 가정이 되게 해주세요. 예수님의 이름으로 기도합니다. 아멘.

47 예수 그리스도를 입다

로마서 13장 11-14절

준비물 | 복음색깔 스카프(하늘색 또는 파란색, 빨간색, 초록색, 노란색)

주제찬양

말씀터

- 또한 너희가 이 시기를 알거니와 자다가 깰 때가 벌써 되었으니 이는 이제 우리의 구원이 처음 믿을 때보다 가까웠음이라
- 밤이 깊고 낮이 가까웠으니 그러므로 우리가 어둠의 일을 벗고 빛의 갑옷을 입자
- 낮에와 같이 단정히 행하고 방탕하거나 술 취하지 말며 음란하거나 호색하지 말며 다투거나 시기하지 말고
- 오직 주 예수 그리스도로 옷 입고 정욕을 위하여 육신의 일을 도모하지 말라

복음놀이터

❶ 우리가 벗어버려야 할 어둠의 일은 무엇입니까?

우리는 어둠의 일을 벗어버려야 합니다.

어둠의 일은 방탕하고 술에 취하고 음란하고 다투고 미워하는 일입니다.

어둠의 일은 죄가 가득한 말과 행동과 생각입니다.

우리는 어둠이 가득한 옷을 벗고 빛의 갑옷을 입어야 합니다.

빛의 갑옷은 예수 그리스도입니다.

Play 〈꼬리잡기〉놀이를 응용한 놀이입니다. 각 사람은 자기의 허리에 복음색깔 스카프 한 장을 답니다. 두 명씩 짝을 지어 가위, 바위, 보를 합니다. 가위, 바위, 보를 해서 진 사람은 이긴 사람 뒤에 붙습니다. 자연스럽게 두 개의 기차가 만들어지면, 팀에서 제일 앞에 선 사람이 상대방팀의 맨 뒤에 있는 복음색깔 스카프를 잡아당겨 획득합니다. 복음색깔 스카프를 획득한 사람은 자기 몸에 스카프를 답니다. 복음색깔 스카프를 빼앗긴 사람은 제일 앞자리로 이동합니다. 스카프를 획득할 때는 반드시 스카프 색깔에 해당되는 복음 단어를 외쳐야 합니다.

> 복음을 입고, 복음을 잡아 봅시다.
> (하늘색 스카프) 하나님!   (빨간색 스카프) 예수님!
> (초록색 스카프) 생명!   (노란색 스카프) 자녀!

❷ 예수 그리스도의 옷을 입으면 어떻게 달라질까요?

예수 그리스도의 옷은 빛의 갑옷입니다.

예수 그리스도 옷의 주된 기능은 죄의 공격을 막아주는 것입니다.

우리의 몸과 영혼을 어둡게 만드는 죄가 들어오지 못하도록 철저히 막습니다.

예수님을 믿으면 하나님의 아들 예수 그리스도께서 온몸으로 연약한 우리를 감싸주십니다.

Play 복음색깔 스카프 한 장을 자기 허리에 답니다. "시작!" 신호와 함께 서로의 몸에 있는 복음색깔 스카프를 빼앗습니다. 이때 스카프 색깔에 담긴 복음 단어를 외쳐야만 스카프를 획득할 수 있습니다. 복음 단어가 틀리거나 말하지 않으면 다시 돌려주어야 합니다. 획득한 복음 스카프는 옷이나 신체에 매답니다. 제한 시간 내에, 가장 많은 스카프를 몸에 지닌 사람이 최후의 승자가 됩니다.

Talk 복음을 입고, 복음을 잡아 봅시다.
(하늘색 스카프) 하나님!   (빨간색 스카프) 예수님!
(초록색 스카프) 생명!   (노란색 스카프) 자녀!

기도 하나님, 우리의 자녀들이 복음을 붙잡고 살기 원합니다. 하나님이 주신 큰 기쁨인 좋은 소식을 소유한 자로 살기 원합니다. 복음을 감사로 받고, 복음을 전하는 가정이 되게해주세요. 예수님의 이름으로 기도합니다. 아멘.

48 하나님의 전신갑주를 입다

에베소서 6장 13-17절

준비물 | 복음색깔 스카프(하늘색 또는 파란색, 빨간색, 초록색, 노란색), 여러 개의 빨래집게

주제찬양

말씀터

- 그러므로 하나님의 전신 갑주를 취하라 이는 악한 날에 너희가 능히 대적하고 모든 일을 행한 후에 서기 위함이라
- 그런즉 서서 진리로 너희 허리 띠를 띠고 의의 호심경을 붙이고
- 평안의 복음이 준비한 것으로 신을 신고
- 모든 것 위에 믿음의 방패를 가지고 이로써 능히 악한 자의 모든 불화살을 소멸하고
- 구원의 투구와 성령의 검 곧 하나님의 말씀을 가지라

복음놀이터

❶ 옛사람이 어떻게 하면 새사람으로 바뀔까요?

하나님은 우리가 입고 있는 죄의 옷을 벗기기 위해 예수님을 보내주셨습니다.

예수님은 이 땅에 오셔서 우리 대신 십자가에 달리셨습니다.

예수님이 십자가에서 흘리신 피로 우리를 덮고 있던 모든 죄가 깨끗이 사라졌습니다.

3일 후, 예수님은 죄의 옷을 완전히 멸하시고 다시 살아나셔서

우리에게 새 옷을 입혀 주셨습니다.

그 옷은 바로 부활하신 예수 그리스도의 옷입니다.

Play 복음색깔 스카프를 이용해 한 사람을 복음맨으로 변신시킵니다. 스카프와 빨래집게를 활용하여 선택된 사람의 몸이 복음으로 풍성해지게 장식합니다. 복음색깔 스카프를 몸에 장식할 때마다 색깔에 담긴 복음 단어를 이야기합니다.

복음의 전신갑주를 입어 봅시다.

(하늘색 스카프) 하나님이 여기에 있다!　(빨간색 스카프) 예수님이 여기에 있다!
(초록색 스카프) 생명이 여기에 있다!　(노란색 스카프) 하나님의 자녀가 여기에 있다!

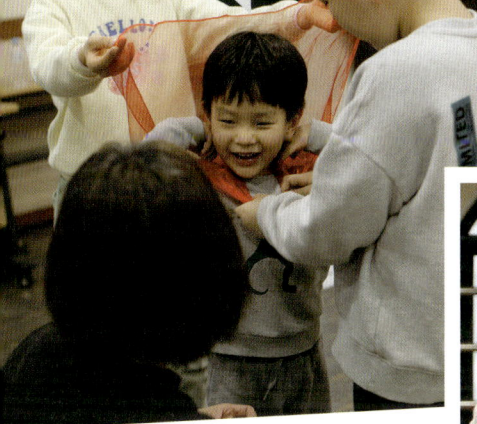

❷ 예수 그리스도의 옷을 입으면 어떻게 살아야 할까요?

예수 그리스도의 옷을 입은 사람은 하나님의 용사입니다.

하나님의 용사는 날마다 복음으로 무장하여 죄와 싸웁니다.

예수 그리스리스도의 복음은 최고 무기입니다.

Play 두 사람이 손을 엮어 손가마를 만든 뒤 복음맨으로 변신한 사람을 태웁니다. 손가마는 두 사람이 마주 보고 서서 각자의 오른손으로 자기의 왼쪽 팔목을 잡은 다음, 왼손으로 상대방의 오른쪽 팔목을 잡아 우물 정(井)자 모양을 만듭니다. 가마에 타는 사람은 두 사람의 어깨를 짚고 균형을 잡도록 합니다. 이때 가마 역할을 하는 두 사람이 "복음맨 나가신다! 길을 비켜라"라고 외치며 행진합니다.

기도 하나님, 우리 가정이 입고 있던 모든 죄와 어둠의 옷을 예수님의 피로 깨끗이 씻어주세요. 오직 빛의 갑옷인 예수 그리스도로 옷 입는 가정이 되게 해주세요. 예수님의 이름으로 기도합니다. 아멘.

49 복음을 끝까지 전파하다

사도행전 20장 24절

준비물 | 복음색깔 스카프(하늘색 또는 파란색, 빨간색, 초록색, 노란색)

주제찬양

말씀터

○ 내가 달려갈 길과 주 예수께 받은 사명 곧 하나님의 은혜의 복음을 증언하는 일을 마치려 함에는 나의 생명조차 조금도 귀한 것으로 여기지 아니하노라

복음놀이터

❶ 바울 사도는 복음을 전하면서 어떤 어려움을 겪었을까요?

바울 사도는 평생 복음을 전파하는 일을 멈추지 않았습니다.

그는 복음을 전하다 감옥에도 갇혔고, 셀 수 없을 정도로 많은 매를 맞았습니다.

그는 유대인에게 서른아홉 대를 맞는 태형을 다섯 번이나 당하였습니다.

복음을 전하다는 이유로 사람들로부터 여러 차례 몽둥이와 돌에 맞았습니다.

그럼에도 불구하고 바울은 끝까지 복음을 전파했습니다.

Play 두 팀으로 나누어 진행하며, 제한 시간 내에 어느 팀이 복음을 더 많이 전달하는지 대결합니다. 검지에 스카프를 걸친 후, 옆에 앉은 사람의 검지에 걸어 전달합니다. 손가락이나 손바닥 등의 신체를 이용해 다양한 방식으로 복음 스카프를 옆 사람에게 전달할 수 있습니다. 복음 스카프를 전달할 때는 스카프 색깔에 담긴 복음 단어를 이야기하며 전달합니다.

> 복음을 전파합시다.
> (하늘색 스카프를 전달하며) 하나님 → 하나님 → 하나님 → 하나님
> (빨간색 스카프를 전달하며) 예수님 → 예수님 → 예수님 → 예수님
> (초록색 스카프를 전달하며) 생명 → 생명 → 생명 → 생명
> (노란색 스카프를 전달하며) 자녀 → 자녀 → 자녀 → 자녀

❷ 당신은 어떤 목표를 향해 달려가고 있나요?

바울 사도의 인생 목표는 오직 복음입니다.

바울 사도는 단 한 순간도 복음을 손에서 놓친 적이 없습니다.

복음은 바울 사도가 하나님으로부터 받은 특별한 사명입니다.

바울은 하나님께서 은혜로 주신 복음을 전파하기 위해 생명을 걸고 달려갔습니다.

하나님은 하나님의 자녀인 우리가 평생 복음을 향해 달려가기를 원합니다.

Play 복음 스카프의 양쪽 끝을 서로 매듭지어 길게 연결합니다. 모두 둥글게 앉아 복음 스카프의 끈을 붙잡습니다. 다 함께 한 마음으로 다양한 찬양곡에 맞추어 복음 스카프의 끈을 좌, 우, 상, 하 방향으로 움직이며 찬양합니다.

기도 하나님, 우리 가정을 죄에서 구원하기 위해 예수님을 보내주셔서 감사합니다. 이 놀라운 복음이 우리 삶의 목표가 되어, 우리가 가는 곳마다 복음이 전파되길 원합니다. 예수님의 이름으로 기도합니다. 아멘.

50 감사하며 송축하다

시편 138편 1-3절

준비물 | 복음색깔 스카프(하늘색 또는 파란색, 빨간색, 초록색, 노란색)

주제찬양

말씀터

- 내가 전심으로 주께 감사하며 신들 앞에서 주께 찬송하리이다
- 내가 주의 성전을 향하여 예배하며 주의 인자하심과 성실하심으로 말미암아 주의 이름에 감사하오리니 이는 주께서 주의 말씀을 주의 모든 이름보다 높게 하셨음이라
- 내가 간구하는 날에 주께서 응답하시고 내 영혼에 힘을 주어 나를 강하게 하셨나이다

복음놀이터

① 지금 가장 감사한 것은 무엇인가요?

우리는 날마다 하나님을 향한 감사의 노래를 부르며 하나님께 나아가야 합니다.

하나님은 나를 인자와 성실함으로 돌봐주십니다.

하나님은 나를 하나님의 자녀 삼아주십니다.

하나님은 나의 기도에 응답해주십니다.

하나님은 내 영혼에 새 힘을 주시고, 나를 강하게 하십니다.

Play 〈동동 동대문을 열어라〉놀이를 응용한 놀이입니다. 두 사람이 양손을 맞대어 감사문을 만듭니다. 나머지 사람들은 복음색깔 스카프를 연결한 끈을 잡고 한 줄로 서서 감사문을 통과합니다. 노래가 끝남과 동시에 감사문을 만들고 있던 두 사람이 맞잡은 양손을 내려 한 사람을 감사문 안으로 들어오게 합니다. 감사문 안에 들어온 사람은 하나님을 향한 감사의 고백을 해야 합니다.

하나님을 향한 감사문을 열어 봅시다.

♬ 감사 감사 문을 열어라! 감사 감사 문을 열어라! 12시가 되면은 문을 닫는다!

❷ **하나님께 감사한 것은 무엇인가요?**

우리가 할 수 있는 것은 하나님을 향한 감사와 찬송입니다.

날마다 감사하며 하나님의 문으로 들어가 보세요.

날마다 찬송하며 하나님의 품으로 나아가 보세요.

감사와 찬송으로 하나님께 나아가면, 선하고 인자하며 성실하신 하나님께서 반겨 주십니다.

Play 복음색깔 스카프를 잡고 두 줄로 서서 감사터널을 만듭니다. 한 사람씩 터널을 통과할 때, 나머지 사람들은 지나가는 사람을 향해 동시에 감사의 고백을 반복해서 말하며 복음스카프를 흔듭니다. 감사터널을 모두 통과한 사람에게 인상적인 감사의 고백이 무엇이었는지 듣는 시간을 가집니다.

감사의 터널을 지나는 사람을 향해서 감사의 말을 반복해서 외쳐봅시다.
"너라서 감사해!", "우리 가족이 되어주어서 감사해!", "건강해서 감사해!"
"안아줘서 고마워!", "도와줘서 감사해!", "함께 있어서 감사해!"

기도 하나님, 하나님을 향한 감사의 마음이 넘쳐나게 해주세요. 서로를 향한 감사의 마음도 풍성하게 해주세요. 날마다 감사와 찬송이 멈추지 않는 가정이 되길 기도합니다. 예수님의 이름으로 기도합니다. 아멘.

복음놀이 미라클

2023년 5월, 서울 모교회에서 주일 말씀을 전하였습니다. 말씀 제목은 '다음 세대를 잃어버리지 않기 위한 핵심전략'이었습니다. 다음 세대를 지키기 위해서는 부모 세대와 자녀 세대가 함께 복음을 경험하는 자리를 의도성과 반복성을 가지고 마련해야 함을 강조하였습니다.

설교가 마친 후, 담임목사님과 많은 성도들은 온 세대가 함께 복음을 놀이하는 것이 어떻게 가능한지 매우 궁금해 하셨고, 교회는 그 해 여름에 열리는 전교인 수양회를 통해서 온 세대 복음놀이를 경험하기로 하셨습니다.

2023년 여름, 전교인 수양회에는 미래를 꿈꾸는 3세대와 현재를 열정으로 살아가는 2세대와 과거 역사의 유산과 지혜를 품은 1세대가 한 자리에 모였습니다. 특히 이 교회는 1세대 실버 어르신들이 절반 이상의 많은 비중을 차지하였습니다. 머리가 희끗희끗하신 실버 어르신들은 대부분 관절이 불편하셔서 의자에 앉으셨습니다. 겉으로 보기에 힘도 없으시고, 표정도 없으셨습니다.

과연 전교인을 대상으로 진행된 복음놀이터의 결과는 어떠했을까요?

결과는 한마디로 미라클이었습니다. 향기나무의 세대통합 복음말씀이 시작되자, 온 세대가 숨죽여 매력적인 복음에 사로잡혔습니다. 복음은 연령과 성별과 직분을 초월하여, 모든 이들에게 은혜와 감동을 선사하였습니다.

복음놀이가 시작되자, 놀라운 일이 일어났습니다. 2세대와 3세대가 주도할 거라는 예상을 뒤엎고, 1세대 실버부대의 함성소리가 온 강당에 울려 퍼졌습니다. 왕년에 교회를 섬기셨던 뜨거운 열정이 복음놀이를 하면서 다시 활활 불타올랐습니다. 1세대들은 그 누구보다 열정적으로 즐거워하며 복음놀이에 참여하셨습니다. 2세대와 3세대는 1세대의 열정과 천진난만함을 보며, 새로운 모습에 감격했습니다.

온 세대가 함께하는 복음놀이는 미라클(miracle: 기적)입니다.

교회의 40년 역사를 품은 1세대와 교회를 열정으로 세워가는 2세대, 그리고 교회의 미래를 꿈꾸는 3세대의 매듭이 묶여지니 놀라운 기적이 만들어졌습니다.

수많은 교회와 가정이 복음의 능력을 함께 누리지 못한 채 단절되거나 무기력하게 쓰러져있습니다. 그곳에 부디 《복음놀이 리부트 50》이 전해지기를 바라며, 이 책이 전해지는 수많은 교회와 가정에 복음의 기적이 일어나기를 간절히 기도합니다.

복음놀이 미라클 ▶